原生家庭
疗愈内心的伤痛

谷鹏磊 ◎ 编著

中国纺织出版社有限公司

内 容 提 要

是否心理健康，关乎孩子一生的成长和发展。如果孩子因为原生家庭而出现很多心理和行为问题，那么在成长的过程中他们就会面临很多困境。作为父母，要把为孩子打造良好的家庭环境，避免孩子产生心理和行为问题作为首要的教育目标。因为孩子只有身心健康，才能人生高远。

本书从原生家庭的角度出发，结合心理学知识，分析了孩子出现问题的原因，并且给出了合理的建议，指导父母在教育孩子的过程中做得更好。相信每一位父母在认真阅读本书之后，都一定会有很多收获，也会有茅塞顿开之感。

图书在版编目（CIP）数据

原生家庭：疗愈内心的伤痛 / 谷鹏磊编著. -- 北京：中国纺织出版社有限公司，2023.3
ISBN 978-7-5229-0030-8

Ⅰ.①原… Ⅱ.①谷… Ⅲ.①心理健康—家庭教育 Ⅳ.①G444②G78

中国版本图书馆CIP数据核字（2022）第216356号

责任编辑：柳华君　　责任校对：高　涵　　责任印制：储志伟
中国纺织出版社有限公司出版发行
地址：北京市朝阳区百子湾东里A407号楼　邮政编码：100124
销售电话：010—67004422　传真：010—87155801
http://www.c-textilep.com
中国纺织出版社天猫旗舰店
官方微博 http://weibo.com/2119887771
鸿博睿特（天津）印刷科技有限公司印刷　各地新华书店经销
2023年3月第1版第1次印刷
开本：710×1000　1/16　印张：12
字数：140千字　定价：58.00元

凡购本书，如有缺页、倒页、脱页，由本社图书营销中心调换

前 言

很多人都会回避自己的感受，就像他们一次又一次地回避明显已经存在的那些问题。尤其是当这些问题出现在孩子身上时，作为父母的感受是非常复杂的，这远比他们面对自己内心深处阴暗的感受更加困难和煎熬。然而，既然身为父母，就要承担起作为父母的责任和义务，也要无怨无悔地继续养育孩子。这就注定了哪怕孩子还没有意识到他们的性格缺陷，还没有感受到那些负面情绪，父母也必须及时地引导孩子走过最危险的成长地带，走到生命中盛开的花丛中间，这样孩子才能感受那芬芳，感受那姹紫嫣红。

自古以来，很多人都很推崇一句话——天下没有不是的父母。他们也以这句话为依据，坚持认为父母是世界上最爱孩子的人，父母对孩子所做的一切都是正确的，都是无可指责的。而实际上呢？太多的父母打着爱孩子的旗号，无形中却在伤害孩子，使原生家庭成为孩子成年后依然挥之不去的噩梦。这简直太可怕了。作为父母，只有从当下就开始关注这个事实，才能避免家成为伤害孩子的地方，才能避免自己给孩子带来难以消除的痛苦和伤害。

心理学家经过研究发现，原生家庭的伤害将会伴随孩子一生，不仅使孩子失去幸福的童年，而且使孩子在成年之后面对自己的生活时也问题百出。然而，因为孩子本能地信任父母，依赖父母，所以大多数孩子都意识不到是父母出了问题，更不可能指出父母的错误。

即使作为成年人，只要想象一下自己最安全的地方成为了最危险的地方，或者自己最在乎和珍视的人却成为了伤害自己最深的人，就可以感受到孩子有多么痛苦、绝望和无助。既然如此，那就不要等到伤害暴露出来再去解决，哪怕你自诩是非常称职的父母，在阅读本书之后也有可能意识到自己有做得不够好的地方。既然如此，还等什么呢？赶快阅读这本书，然后结合自己的实际情况去反思、去改变吧。作为父母，只要你们意识到需要改变，也真正着手开始改变，一切就都不算晚。

孩子不是你爱面子的资本，孩子不是学习的机器，孩子不是攀比的工具；孩子不是你情绪的发泄口，不是你情绪的垃圾桶，更不是你情绪的承受者；孩子不是你不如意的根源，恰恰是你的不如意才使孩子没有更好的成长环境，但是孩子从未停止依赖、信任和深爱你，既然如此，你有什么理由嫌弃孩子呢？每一位父母都要这样扪心自问，才能在养育孩子的过程中始终保持着清醒和警惕。

每一位父母都应该尽职尽责，而不要认为只要凭着本能就能爱孩子，就能抚育孩子。在这个世界上，最难的事情莫过于教养孩子，因为不管是父母还是孩子都是活生生的人，都有复杂的思想，都有不断改变的情感。

阳光普照着大地，却总有照射不到的地方。就像爱一样，也会有误解，也会有仇恨，也会有怨愤。近年来，孩子伤害父母的事情时有发生，这给整个社会都敲响了警钟：到底是哪里出了问题，让我们的孩子心理扭曲到如此程度呢？要想回答这个问题，我们就要回到原生家庭，关注原生家庭，看到父母和孩子的相处模式，也给予孩子更多的爱和阳光。

在这本书里，并没有多么深奥难懂的道理，而只是从心理学的角度出发，结合人性，分析家庭教育和亲子相处的现状，分析导致孩子出现异常的隐藏最深的原生家庭因素。每个人都有原生家庭，那些从小没有父母的孩

前言

子，他们的原生家庭环境是独特的；那些从小在父母的照顾下衣食无忧、骄纵奢靡的孩子，他们的原生家庭环境同样问题多多。不要仅仅以客观的标准去判定原生家庭的环境，其实，精神和情感上的满足，远远比金钱和物质上的满足对孩子更重要。

翻开这本书，作为父母不要再高高在上，不要再自以为是，不要再自认为爱孩子。在自然界里，动物都会爱自己的幼崽，人类当然也会。然而，就像人类能够成为万物的灵长，而动物却不能一样，人类的幼崽也比动物的幼崽需要更多的养料才能成长。这养料包括物质，包括精神，也包括情感。

要想修补孩子的性格缺陷，疗愈孩子内心的伤痛，每一位父母都可以从阅读这本书开始，关注自身，关注孩子，关注家庭。

谷鹏磊

2022年12月

目 录

第一章 不完美的父母，有性格缺陷的孩子 / 001

天下真的无不对的父母吗 / 002

让孩子从孝道中抽身而出，不愚孝 / 005

让孩子成为自己，而不是别的任何人 / 008

未必每一位父母都是称职的 / 011

各种问题父母 / 014

逃离有问题的家庭体系 / 018

父母要反思现有的家庭模式 / 021

第二章 看见孩子，看见你自己 / 025

错位是由角色缺位造成的 / 026

看到孩子无声的需要 / 030

叛逆心理与亲子关系的此消彼长 / 033

以助力教育孩子，而不是压力 / 038

教会孩子感知脆弱 / 041

"学龄前综合征"是怎么回事 / 045

校园霸凌的根源是亲子关系 / 049

053

第三章
建立依恋关系，让孩子身心健康地成长

及时回应，才能建立良好的亲子关系 / 054

很多行为的根源都在于亲子关系 / 057

依恋关系，是一切社交关系的基础 / 061

父母当好了父母，孩子才能当好孩子 / 064

怎么说，孩子才肯听 / 068

成为孩子的引导者 / 071

稳定的依恋关系，让孩子探索世界 / 075

依恋关系，是孩子成长和进步的动力 / 078

鼓励孩子学会依赖 / 081

让孩子回归温暖的家庭 / 085

089

第四章
网络时代，孩子更需要充满爱与自由的成长环境

无条件地接纳孩子本来的样子 / 090

满足孩子的依恋需求 / 093

物理距离不应阻隔心灵 / 096

亲密感使亲子相处更安全 / 099

尊重孩子，保持安全距离 / 102

不要让孩子坠入空洞之中 / 105

亲子陪伴，让网络上的"黄赌毒"无缝可钻 / 108

网络时代下的新型社交 / 111

父母的爱，让孩子"迷途知返" / 115

当好孩子与世界的"缓冲器" / 118

第五章 火眼金睛，识别并改变不同类型的性格缺陷　121

- 遗弃缺陷 / 122
- 不信任和虐待缺陷 / 125
- 社交孤立缺陷 / 129
- 情感剥夺缺陷 / 134
- 依赖缺陷 / 138
- 脆弱缺陷 / 142
- 失败缺陷 / 145
- 自我缺陷 / 148
- 屈从缺陷 / 151
- 苛刻标准缺陷 / 155
- 权利错觉缺陷 / 158

第六章 了解边缘型人格障碍，养成孩子健全人格　161

- 什么是边缘型人格障碍 / 162
- 父母不要再为失落的童年而哀伤 / 165
- 不要让孩子不合时宜地感到内疚 / 168
- 彻底地消除孩子的怨恨和愤怒 / 171
- 建立沟通渠道，重建亲子关系 / 174
- 孩子不被习惯禁锢，改变就会到来 / 177

参考文献 / 179

后记　父母也要努力成为最好的自己 / 181

第一章
不完美的父母，有性格缺陷的孩子

很多时候，我们没有勇气面对自己心底里最真实的感受，尤其是那些非黑非白、处于灰色地带的灰暗感受。长期的压抑使我们承受了压力，而我们的孩子在这样的环境中长大，就会受到原生家庭的影响。所以当孩子出现严重的性格缺陷时，我们要反思自身存在的不足，也要主动地帮助孩子改正问题。

天下真的无不对的父母吗

虽然此时此刻我们已经成为父母，但是这并不意味着我们已经治愈了自己内心深处的小孩。很有可能，那个小孩就蜷缩在不为人知的角落里，无助地等待着，甚至是无望地等待着。从某种意义上来说，要想治愈孩子，我们要先治愈自己，要想让孩子健康快乐地成长，我们就要面对自己内心深处的很多灰暗角落。一直以来，孝道都在中国的伦理纲常中占据很重要的地位，正是这样传统的孝道思想，使很多人都理所当然地认为"天下无不对的父母"。无论从父母那里受到怎样的伤害，他们都从来不曾反驳更不曾质疑父母。正是在长期的压抑中，负面情绪不断累积，我们的内心变得越来越脆弱，我们为孩子营造的家庭环境也变得压抑。

我们固然要尊重父母，但不能教条。同样地，在教育孩子的过程中，我们更不能理直气壮地认为自己所说的一切、所做的一切都是正确的，都是不容置疑的。实际上，人非圣贤，孰能无过。父母固然是世界上最爱孩子的人，却并不意味着父母绝对不会犯错。很多心理学家都认为，有些心理疾病与家长制和重男轻女的观念有着密切关系，而重男轻女的观念又与家长制是密切相关的。例如，很多人都特别爱面子，为了捍卫自己的面子，甚至不惜做出错误的举动。这与在童年时期受到父母肆无忌惮的挖苦讽刺有很大关系。越是在童年时期没有尊严，在成长之后越是看重尊严，对于尊严的维护甚至超出了正常的限度。如果在婴幼儿时期没有得到口腹之欲的满足，那么孩子长大之后很有可能成为"吃货"，甚至对吃有着超出正常限度的狂热。这是因为很多父母出于各种原因没有满足孩子吃的欲望。总而言之，孩子在

第一章
不完美的父母，有性格缺陷的孩子

童年时期缺少什么，在成年之后就会表现出相应的渴求。

我们都不是完美的父母。当我们真正接受了这样的现实，才会具有自我反思的精神，也才能在反思自己身为父母的所有言行举止之后做出更好的改变。自古以来，很多人都歌颂父母对孩子之爱的无私，也歌颂家是温暖的港湾，是每个人可以退守的地方，是每个人最后的阵地。然而，现实却为我们揭示了一个残酷的真相，即家既能传递爱与温暖，也会传递恨与伤害。虽然大多数人都会选择性忽视恨与伤害，但是这并不能消除恨与伤害，更不能彻底否定恨与伤害的存在。太多的父母都打着爱孩子的旗号，不经意间伤害着孩子，自己却毫无觉察。当孩子不曾从父母那里得到爱与尊重，而是得到恨与伤害，他们就会把恨与伤害传递给下一代，使恨与伤害在原本应该亲密无间的父母与孩子之间代代相传，造就了无数家庭悲剧。

不要小瞧诞生于家庭的恨与伤害，虽然大多数人都认为家庭里没有硝烟的战争是不足为惧的，但是事实却告诉我们，家庭里的战争也会造成严重的伤害，甚至导致毁灭性的后果。这是因为越是至亲的人之间，越是容易互相伤害，越是容易感到灰心、沮丧和绝望。当父母成为伤害的制造者，孩子从小就会在不健康的环境里成长，他们的身心会受到严重影响。这是多么可怕的事情啊！

作为父母，再也不要觉得自己只需要爱孩子就足够了，甚至只需要号称自己是最爱孩子的人就足够了。实际上，父母不管是以哪一种方式伤害了孩子，带给孩子的感受都是痛苦的。例如，有的父母酗酒，他们每天都喝得醉醺醺的，会撒酒疯，打人骂人，摔烂东西。在这样的家庭环境中成长，孩子内心的恐惧可想而知。虽然酗酒的父母在清醒之后，会以"我喝醉了"为由为自己开脱，但是他们永远都要为伤害孩子的行为负责。也有些父母会以威胁或者使孩子内疚的方式，试图操控孩子，哪怕明知道孩子长大了，有了自己的想法和主见，他们也依然对孩子不放手。还有的父母会以金钱制约孩子，例如，要求孩子必须如何做，才会对孩子继续提供金钱援助。也有些父母本身情绪很容易冲动，脸上阴晴不定，使孩子小小年纪就习惯于看父母的脸色行事，长大之后也胆小谨慎、焦虑不安，这样的负面情绪往往会伴随孩子一生，孩子很难凭着自己的力量彻底摆脱。

不要以为孩子只有在小时候才会受到父母的伤害。现实情况是，孩子即使长大成人了，也依然会受到父母的影响，常常会怀疑甚至质疑自己。所以作为父母要想培养出积极乐观、身心健康的孩子，一定要从自身开始改变，清除自身的问题，这样才能给予孩子正向影响。那么，孩子摆脱父母不好的影响，是以什么为标志的呢？当孩子终于可以坦然说起父母的各种举动，表达自己内心深处的感受，也终于可以勇敢地面对自己的问题，积极地疗愈自己内心的创伤，这就意味着孩子已经迈上了自我疗伤的道路。

接下来，就让我们勇敢地开启一段探索真相之旅。作为父母，我们必须探索自己成长的诸多真相，才能反观孩子的成长之路，从而陪伴孩子一起成长起来！当然，不要心急，我们必须循序渐进地消除给孩子带来的负面影响，我们要更加坚强，更加勇敢，也要释放自我，面对自我！

第一章
不完美的父母，有性格缺陷的孩子

让孩子从孝道中抽身而出，不愚孝

大部分情况下，只是凭着自身的经验，孩子们也能很容易判断出哪些父母是有问题的。但是在诸多有问题的父母中，有一种父母的问题藏匿很深，他们既不承认自己的问题，还能让孩子误以为自己对不起父母，要想方设法地报答父母。不得不说，这样的孩子尽管被父母操控，自己却很有可能习惯了这样的生活方式而对此毫无觉察。如果不是有强大的动力推动自己去改变什么，他们很难从孝道中抽身而出，真正改变愚孝的行为。

在孩子成长的过程中，太多的父母一方面盼望着孩子快快长大，一方面心理上却依然停留在孩子小时候，固执地认为孩子依然需要他们的全面照顾，从来不认为孩子已经具备了独立生活的能力，更不愿当机立断对孩子放手。不得不说，这是很糟糕的亲子关系模式必然会毁掉孩子，使孩子成为所谓的"妈宝男""爸宝女"等。

操控型父母有很多显而易见的行为表现。例如，父母总是否定孩子，质疑孩子的能力。在小时候，孩子的确需要父母无微不至的照顾，也需要父母给予自己很多的关爱。但是，小小的生命是如此神奇，随着时间的流逝，孩子们的心智越来越成熟，自理能力也越来越强。作为父母，此时要做的不再是亦步亦趋地跟着孩子，全方位地为孩子保驾护航，而是要真正尊重和理解孩子，也做到平等对待孩子。尤其是当孩子表达出自己的主见和观点时，父母更是要大力支持孩子。否则，父母一旦习惯性地否定孩子，孩子就会受到负面的心理暗示，变得越来越缺乏自信，越来越无限度地依赖父母，直至迷失自我。

作为父母，一定要知道孩子尽管因着父母来到这个世界上，只有得到父母无微不至的照顾才能健康茁壮地成长，但是孩子是独立的生命个体，既不是父母的私有物，也不是父母的附属品。每个孩子都有权利选择自己的人生，哪怕他们的所愿与父母的所愿是完全不同的。每一个独立的孩子都拥有善于放手的父母，否则他们就无法从依赖父母到渐渐地走向独立。所以，如果不想让孩子变得畏缩胆怯，父母就一定要改变对待孩子的方式，从批评、否定和管控孩子，转变为支持、鼓励和尊重孩子。人生的道路是漫长的，孩子在未来还有很长的道路需要靠着自己去走完。在孩子小时候，父母可以全天候地保护好孩子，但等到孩子渐渐长大，离开了家，离开了父母的身边，父母是无法继续管控孩子的。此外，面对外部世界的很多新鲜事物，孩子们往往满怀好奇，如果父母总是禁止孩子去尝试，那么渐渐地孩子就会从不满变为逆来顺受，越来越安于现状，甚至得到外界的鼓励也不敢积极地尝试。很多成人面对一些事情举棋不定，优柔寡断，往往是因为如此。

很多时候，是父母离不开孩子，而不是孩子离不开父母。有些父母恨不得永远把孩子留在自己的身边，所以他们会维护孩子的无力感，并且希望孩子一直因为感到无力而求助于他们，这样他们就可以借机把自己和孩子捆绑在一起了。不得不说，这样的想法大错特错。每一位父母辛苦抚育孩子的最终目的，一定是让孩子长大成人离开父母的身边，闯荡出一片独属于自己的天地。即便眼睛里饱含着泪水，我们也要默默地祝福孩子，默默地祈祷孩子能够飞得更高更远。换一个角度来看，不被孩子需要，恰恰意味着孩子可以做到独立面对人生了，这是多么值得高兴的事情啊！

虽然他们自身可能并没有意识到，但是不可否认的是，操控型父母是非常危险的，因为这种危害特别隐蔽。他们总是把自己对孩子的操控表现成对孩子的关心，并且总是反复对孩子强调"我是为了你好""我不管做什么都是为了你"等。难道父母因为害怕失去孩子，就可以永远地囚禁孩子，或者永远地让孩子生活在痛苦之中吗？当然不是。真正的爱，是放手，是成全。操控型父母控制孩子有两种方式，一种是直接控制，另一种是间接控制。直接控制显而易见，间接控制是隐匿的，以各种伪装的方式呈现出来。例如，以威胁强权的方式操控孩子，属于直接操控；而以金钱等方式胁迫孩子，则属于间接操控。还有很多父母经常告诉孩子自己多么辛苦，使孩子对父母产生愧疚感，因而哪怕孩子心不甘情不愿，也会顺从父母。

每一个孩子不管因为什么原因，都不应该完全依赖父母。对于操控型父母而言，他们最擅长以金钱强迫孩子对自己服从。正是因为如此，很多孩子才会因为金钱而失去了幸福。

此外，父母还要多多地肯定孩子，而不要动不动就否定孩子，更不要以各种理由不停地对孩子提出更高的要求，使孩子不管多么努力都始终无法让父母满意，这会导致孩子自己也对自己不满。古人云，知足常乐，孩子如果从不知足，又怎会感到快乐呢？如果父母不曾改变自己的想法和教育的理念，那么孩子就必须在成长到足够强大的时候才能主动地摆脱父母对自己的控制，认可自己，鼓励自己，也理性地分析自己与父母之间的关系，而不再愚孝。

让孩子成为自己，而不是别的任何人

在父母长期的控制下，很多孩子都迷失了自我。虽然在小时候，他们最大的心愿就是从父母的身边逃离，但是等到真正长大，他们却无法离开父母的身边，无法奔向属于自己的人生。他们不能控制自己，总是情不自禁地想要让父母满意，他们宁愿不做自己，也不愿意被父母否定。看到孩子这样的表现，父母是该高兴，还是该难过呢？一个真正成长起来的孩子，最大的理想应该是成为自己，而不是成为其他任何人。而在教育孩子的过程中，父母的终极目标也应该是培养出独立自信的孩子，而不是让孩子成为父母的影子。

在和父母的关系中，孩子一旦受到情感上的攻击或者威胁，就会变得特别敏感。这使得他们哪怕想要从父母的身边逃走，也很难做到在情感上真正独立。父母一定不要试图束缚孩子，更不要想方设法地把孩子留在自己的身边。只有得到父母的支持和鼓励、理解和尊重，孩子才能意识到情感上的独立有多么重要。需要注意的是，父母还应该告诉孩子，所谓情感上的独立，并不意味着孩子要与父母彻底断绝关系。只要有了正确的认知，那么孩子就会发现和父母彻底断绝关系很难，但是做自己却是相对容易的。

父母要引导孩子进行"自我界定"。所谓"自我界定"，就是在不受父母影响的情况下，拥有自己的思想、意志、信念和情感。不可否认的是，每个孩子不管做什么事情都希望得到父母的支持和鼓励，一旦遭到父母的反对和阻挠，孩子一定会感到有些不快。这种情况可以一分为二地看待和分析。首先，父母对孩子不满是父母的事情，孩子没有必要因此而改变自己；其次，如果孩子不曾因为父母的不满改变自己的行为，那么孩子也就不要强

第一章
不完美的父母，有性格缺陷的孩子

求父母消除不满，改为支持自己。在这种情况下，孩子应该继续坚定不移地做自己选择的事情，而忍受父母的不满。父母呢，则应该在以中肯的语气表达自己对孩子的意见之后，给予孩子更多的自由空间，让孩子自主地做出选择，也为自己的行为负责。

父母需要注意的是，这并非在鼓励孩子不在乎身边人的感受，尤其是无视父母的感情。虽然完全不顾及他人的感受是不应该的，但是过于看重他人的感受和意见同样是不可取的。在这个世界上，每个人都应该成为自己的主宰，而不要完全被他人左右，哪怕那个试图左右孩子的人是孩子至亲的父母。

遗憾的是，很少有人能够做出完全准确的自我界定。作为父母，我们眼下的任务就是引导孩子进行自我界定，但是其实我们自身也未必能够准确地自我界定。既然如此，我们就要告诉孩子在关照自己和关心他人之间应该保持平衡状态。尤其是在社会生活中，每个人作为社会的一员都渴望得到他人的认可，也需要在情感上与他人互相依存才能建立良好的开放式关系。所以每个人都要灵活地进行自我界定，原则就是忠于自我真实的想法，能够保持情感的完整性。

此外，自我界定和自私自利是截然不同的。很多孩子之所以不敢进行自我界定，是因为害怕被指责为自私自利。在孩子还不能区别自私自利与自我界定之前，父母切勿混淆这两者，这样才能给予孩子更好的引导和帮助。孩子要明白自己的需求，也要知道自己对于父母有义务做哪些事情，没有义务做哪些事情。从父母的角度来说，养育孩子就是付出，孩子对父母的感恩和回报应该是他们主动的行为，所以父母不要总是苛求孩子回报父母，更不要将回报视为理所当然。

在教会孩子自我界定的过程中，父母要教会孩子表明自己的立场。现实生活中，有太多的孩子因为长期以来一直依附于父母，所以迷失了自我，不能发出属于自己的声音，也不能捍卫和维护自己的观点与思想。孩子要想做自己，就需要把自己的所思所想和所坚持的原则告诉他人，这样才能避免屈从于父母提出的过分要求。当然，父母本身也要避免提出不合理要求，除非是在以现实的例子教会孩子如何拒绝。

要知道，很多时候我们不是不能做某件事情，而只是从来没有做过某件事情。既然我们不是不能，那么何不勇敢地去尝试呢？孩子应该有勇气为了自己去尝试，父母也应该有勇气为了孩子接受被拒绝的现实。

当孩子真正做到了自我界定，亲子关系也会发生很微妙而又很神奇的改变。既然已经决定做最好的自己，那么面对与父母有分歧的地方，他们就会自然地做出反应，而不是出现应激反应。在这种情况下，父母倘若也能够做到平等地对待孩子，尊重孩子，那么亲子关系就会发生本质性的改变。

第一章
不完美的父母，有性格缺陷的孩子

未必每一位父母都是称职的

从孩子呱呱坠地的那一刻起，父母成为了生物学上的父母。但是，这并不意味着他们在精神和情感上都已经准备好当父母了。正是由于准备不充分，很多父母都是不称职的，而只有少数真正从身到心都做好充分准备的父母，才是称职的。看到这里，很多父母都会感到沮丧失落：我这么努力，为何是不称职的父母呢？这是因为当好父母并不是凭着主观意愿就能做到的。尤其是很多父母压根没有意识到自己是不称职的，就使孩子的成长更加磕磕绊绊。

很多父母只关注自己的身体、精神和情感，他们每时每刻都在以实际行动告诉孩子"我不在乎你的感受，我只看重自己的感受"。和这样的父母朝夕相处，可想而知孩子是多么没有存在感，又是多么孤独，因为他们的很多需求都得不到重视，更得不到满足。

有些孩子因为被父母忽视，因而也选择忽视自己，他们即便成年，也依然在代替父母承担责任，照顾家里的兄弟姐妹，做永远也做不完的家务活，处理永远也处理不完的家庭事务。不称职的父母往往把本属于他们的家庭职责推卸给孩子，而他们则以忙于工作、精神倦怠等形形色色的原因，对于家庭里的人和事都视若无睹。曾经，很多父母都会夸赞自己家的孩子是个"小大人"，却没有想到拥有一个"小大人"似的孩子对于父母而言也许是幸运，但是成为家里"小大人"的孩子却是很不幸的。也有些父母因为种种原因甚至需要孩子照顾，这使在家庭生活中父母和孩子的角色发生了错位。总而言之，这些都是不称职的父母，他们没有对正处于成长阶段的孩子起到积

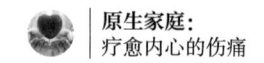

极的作用，反而使孩子们不堪重负，万分疲惫和劳累。

每一个孩子都有可能被照顾弟弟妹妹和料理家庭琐事击垮，而有些孩子除了要做好这些事情，还要承担起照顾和监护父母的责任。孩子因此而提前背负起人生的重担，这使他们的内心始终充满无力感，也会因此而感到挫败，心生愧疚。他们还太小，不会划分责任，只是单纯地认为自己能力不足，做的每一件事情都很糟糕，为此觉得对不起父母。这样的感受很不好，这样的沉重负担也是孩子无力承受的。

人是活生生的生命，而不是冷冰冰的机器。尤其是对正处于童年时期的孩子而言，他们本应该无忧无虑地玩耍，得到父母的关心和爱护，他们本应该拥有快乐的童年，而非沉重的童年。有些孩子因为从小就在为家庭做贡献，无休止地操劳，所以就会在长大之后继续扮演着家庭救世主的角色。与此同时，父母也会因为一直以来都在依赖孩子而变得越来越依赖孩子，哪怕与孩子并不生活在一起，也会以电话远程遥控孩子。不得不说，这是可悲的。

所以父母不要把家庭的责任转嫁给孩子，更不要总是强调自己对于家庭的付出。每一代的人都在抚育后代，孩子固然有赡养父母的责任和义务，却要等到他们成年之后。而且即便成年之后，孩子也只能把赡养父母当成是自己的一项任务，此外还应该把重心放在工作、学习和自己的生活上，还要抚育自己的后代呢！

一个合格且称职的父母，应该让孩子当孩子，而不是让孩子当小大人。具体来说，父母要给孩子做好榜样，帮助孩子形成自我认同感，让孩子准确定位自己的性别身份。唯有如此，孩子将来长大之后身心才会健康，在成家立业之后才能成为合格称职的父母。

具体来说，父母可以列出自己作为父母该做的事情，例如：提供物质保

第一章
不完美的父母，有性格缺陷的孩子

证孩子的生存，保护孩子，满足孩子在精神和情感方面的需求，引导孩子成为有高尚品质、遵守道德规范的人。在养育孩子的过程中，我们应该时时反思这张清单上的内容，看看自己哪些做得比较好，而哪些又做得不够好，从而做到有则改之，无则加勉。

在一个家庭里，只有父母在父母的位置上，扮演好父母的角色，孩子在孩子的位置上，扮演好孩子的角色，各个家庭成员才能扮演好自己的角色，从而避免各种家庭角色错位，也才能避免家庭生活混乱。

在心理学领域，有一个名词，叫作"共依存"型人格者，这与"助人者"的概念是很相似的。对于那些毒瘾者或者是酒精成瘾者身边的人，往往可以使用这样的名词去定义。简言之，他们虽然因为身边的酒鬼或者是瘾君子而吃足了苦头，但是在内心深处却很愿意继续去看护他们。这就像是犯罪领域的被绑架者爱上了绑架他的人，是一种畸形扭曲的心理状态。那么在父母不称职的家庭里，就很容易养育出这样的"共依存"型人格者和有"助人者"特点的孩子。如果不想让孩子陷入深渊无法自拔，父母就必须防患于未然。一个生命的诞生，让生物学意义上的父母从新生儿啼哭的那一刻起就承担起艰巨的责任，这是不可推卸的。所以当父母是一件很伟大的事情，也是一件很艰难的事情。迄今为止，很多父母都是在凭着本能当父母，而从来不会积极主动地学习，也不会了解孩子的成长和身心规律。在这个世界上，很多工作在上岗之前都会进行培训，唯独当父母是没有岗前培训的。所以父母要在决定要孩子之前就积极主动地学习相关的知识，做好充分的准备再迎接孩子的到来，给予孩子美好的童年，也助力孩子创造美好的人生。

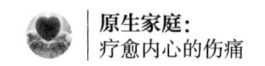

各种问题父母

除了操控型父母之外，还有很多类型的问题父母也是有"毒"的。例如，酗酒型父母、言语虐待型父母、身体虐待型父母等。接下来，我们就来简要分析这些父母的特点以及这样的原生家庭给孩子带来的伤害。

这些不同类型的问题父母都有一个共同点，那就是他们拒绝承认自己的行为给尚未成年的孩子带来了多么严重的心理创伤，而且问题父母包括他们行为相对较正常的配偶在内，都试图把家庭生活伪装得很正常。这样做的后果是什么呢？对于一个明显置身于人为限制中却无力自救的孩子，外界的机构或者是好心人将会对他施展救援。但是对于一个被假装成生活在正常家庭里却无力自救的孩子，外界的机构或者好心人压根无法发现他正在遭遇危机，也就谈不上会去救他。打个比方来说，人们会去救援溺水者，却不会去救援站在陆地上的人。只有那个置身于危险中的人知道自己有多么绝望，又有多么渴望摆脱这一切。

从心理学的角度来说，当一个有问题的家庭被伪装成正常家庭，当作为酗酒者的爸爸和作为"共依存者"的妈妈都不允许孩子质疑家庭里的问题时，他会否定自己的感受。孩子还没有独立判断的能力，他会认为自己一切负面感受之所以产生，都是因为自己的内心太过脆弱，都是因为他不能理解父母的压力和苦衷，所以他从向外求因转变为向内求因。这些孩子很容易患上心理疾病，严重的甚至会患上抑郁症。他们显而易见的共同点就是没有信心，因为他们连自己的感受和想法都不认可，又怎么会全面地认可和信任自己呢？

第一章
不完美的父母，有性格缺陷的孩子

通常情况下，当一个家庭里的爸爸或者妈妈酗酒，甚至是爸爸和妈妈都酗酒，那么孩子就会有过度的责任感，就会过于关注酗酒者的需求，就会特别缺乏安全感，而且内心还会有压抑已久的愤怒。对于酗酒者的家庭成员而言，他们最擅长的事情就是"不认账"。不管是酗酒者本身，还是其他的家庭成员，对于酗酒这件事情都讳莫如深，甚至从来也不提起。难道酗酒这个问题会因为大家都绝口不提而不存在吗？当然不是。最终，酗酒成为了所有家庭成员的隐疾，既一刻不停地折磨着他们，又狡猾地逃之夭夭，遁于无形。也许，对于所有的家庭成员而言，"不认账"是让他们共存的好方式。他们仿佛每时每刻都在守着一个共同的秘密，彼此心照不宣、秘而不谈，又同时承受着感情困扰。从上瘾的程度而言，酗酒者和瘾君子的上瘾程度类似，所以在酗酒者家庭和瘾君子家庭里，情感和心理环境也是类似的。可以说，酗酒者的孩子所有的一切烦恼、困惑和痛苦，瘾君子的孩子也都有。

因为全家都口如瓶，年幼的孩子当然不知道真相是什么，有些孩子甚至以为所有的家庭都理应有一个或者两个烂醉如泥的人。这使酗酒者的孩子在长大之后也很有可能成为酗酒者，或者他们会找酗酒者当伴侣，也或者他们会骄纵伴侣成为酗酒者。这是多么可怕的事情啊，悲剧就这样一代代延续下去。最重要的是，为了维持家庭正常的假象，每个家庭成员都需要耗费精力，但却不能寻求帮助。

很多父母虽然不酗酒，也不是瘾君子，但是他们对孩子的伤害丝毫不减。这是因为他们是言语虐待型父母或者身体虐待型父母。从名称就可以看出他们的区别，前者用语言来打击和虐待孩子，而后者则总是对孩子动手动脚，虐待孩子的身体。很长时间以来，人们都知道不能打孩子，却忽略了批评、嘲笑、讽刺、辱骂或者诅咒孩子，同样会给孩子的内心带来不可愈合的创伤。

孩子还很小，他们缺乏自我认知的能力，也不具备保护自己的能力。他们来到这个世界上最信任和依赖的人就是父母，这使得不管遇到什么事情，他们都会第一时间寻求父母的帮助，想要得到父母的庇护。有些细心的父母会发现，在父母打骂孩子的时候，越是年幼的孩子越是不会逃之夭夭，反而是朝着父母的身边靠近，这是因为孩子唯一可以信任的人就是父母。在这样的心理状态下，孩子在还不具备自我评价的能力之前，往往会把父母对他们的评价作为自我评价。所以父母如果随意地给孩子贴上负面标签，对孩子进行言语虐待，那么孩子就会发自内心地认为自己真的如父母所描述的那么不堪。这太可怕了，孩子就这样因为父母的评价而先入为主地彻底否定自己，有些孩子甚至穷尽一生也无法获得自信。作为父母，既要做到不身体虐待孩子，更要做到不言语虐待孩子。孩子身体上的伤我们一目了然，孩子心灵上的创伤却是我们很难发现的。要做到这一点，就要发自内心地热爱和接纳孩子，也要控制好自己的情绪，不管孩子犯了怎样的错误，都不要口无遮拦地对孩子怒吼。

在社会上，很多人都约定俗成地认为教育孩子是父母关起门来去做的事情，作为外人是无权干涉的。虽然已经有《中华人民共和国未成年人保护法》等相关的法律法规，但是依然有很多孩子没有得到父母良好的对待。正是因为教育被看作是关起门来进行的家务事，所以孩子在家庭生活中如果没有得到父母的关爱呵护与悉心照顾，那么他们就会被暴怒的父母毫不留情地虐待。也许有些父母会表示质疑：我们是最爱孩子的人，怎么会虐待孩子呢？没有人否认父母是最爱孩子的人，但是这与父母在冲动之下言语虐待和身体虐待孩子并不是对立的。谁说爱孩子的父母就不会对孩子言语虐待和身体虐待呢？尤其是在父母不能很好控制情绪的情况下，他们更是会因为冲动而对孩子做出让自己都后悔的举动。

第一章
不完美的父母，有性格缺陷的孩子

言语虐待虽然不会给孩子的身体带来伤痕，但是却给孩子的心灵留下了看不见的创伤；身体虐待同样会严重地伤害孩子，父母因为冲动而失手打伤孩子的事情屡见不鲜，这都给我们敲响了警钟，告诫我们为人父母一定要控制好情绪，爱护好孩子。除了这些问题父母之外，还有很多其他类型的问题父母。作为父母，我们要时刻保持警醒，反省自己对待孩子的方式，才能更好地教育和呵护孩子。

逃离有问题的家庭体系

即使作为成年人，我们也很难想明白一个问题：为何家会伤人？家不应该是让每个人都感到安心踏实，并且能为每个人疗伤的地方吗？正如自古以来人们都交口称赞的那样，家的确是温馨的港湾，是疲惫的旅人们心向往之的地方。但是，家也是会伤人的地方，家很有可能问题已很严重，甚至还会伤害我们。因为问题父母的存在，所以家庭体系也会出现问题。有问题的家庭体系就像是一个噩梦，让孩子挥之不去，很多成人之所以在成年后暴露出很多问题，恰恰是这种家庭体系导致的。和父母的问题相比，家庭体系问题带给孩子的伤害显然更加深重。打个比方来说，有问题的家庭体系就像是汽车在高速公路上飞速行驶，却突然发生了连环追尾事故，很多车辆都无法及时地踩下刹车，因而一头扎进追尾事故里。同样的道理，有问题的家庭体系使一代又一代的人发生家庭追尾事故，受到家庭体系的负面影响，无法挣脱，无法逃离，无法治愈。

家庭对每个人的影响都是很大的，家庭就像是一个大熔炉，锻造了我们，使我们成为现在的样子。曾经，人们以为家庭是由血脉相连的，近年来，我们渐渐发现家庭是一个体系，所有关系密切或者疏远的亲人们都在这个体系里生存和成长，因而每个家庭成员都在以各种方式深刻地影响着体系里的他人。

在年幼阶段，孩子会将家庭视为自己的整个世界，孩子正是在家庭里学会如何看待自己和他人，又如何与人相处的。一旦父母有问题，整个家庭体系就有问题，可想而知，孩子的方方面面都会受到影响。孩子会形成错误的自我评价，例如，否定自己，认为自己不可能获得成功；看轻自己，认为

第一章
不完美的父母，有性格缺陷的孩子

自己不值得被他人关心和爱护；怀疑自己，也怀疑身边的每一个人，不能信任自己和他人……因为被这些不良评价纠缠，孩子很可能最终走向失败，拥有失败的人生。为了避免这种情况出现，父母要反思自身，改变家庭教育模式，才能够避免对孩子造成如此消极的影响，也才能让孩子形成正确的自我认知，学会与自己和身边的人相处，从而拥有更好的人生。换言之，在孩子还没有形成要自主逃离有问题的家庭体系的意识之前，父母就要先对此进行积极的干预了。

此外，父母还要认识到自己为何会成为问题父母，这样才能了解家庭体系为何会出现问题。很多父母都有着以自我为中心的思想，即使对于孩子，他们也有着利己的观念。他们坚持认为父母在孩子面前享有至高无上的权威，所以要求孩子必须凡事都听从父母的，最好安安静静地待在某个地方，不要给父母添麻烦。即使孩子是出于天真烂漫的本性而顽皮，父母也会马上喝止孩子，这往往让孩子感到很困惑，不知道自己有哪些事情是可以做的，又有哪些事情是坚决不能做的，日久天长他们就会变得缺乏基本的判断能力，做事畏手畏脚。试问，如果一个孩子在自己最应该放松的家里都束手束脚，那么他们何来自信呢？这些肥沃的土壤使父母的错误行为变本加厉，而且这类父母非常固执，不愿意接受其他的想法和观点。就这样，孩子因为涉世未深，没有判断力和选择力，就只能在问题父母呈现给他们的扭曲现实中成长，可想而知，他们在成年之后也会这样对待身边的人。为了避免这种情况，父母必须防患于未然，从改变自己的错误思想和观念开始做起。

很多父母虽然不会公开表明自己的错误观念，但是他们的行为举止已经在不知不觉间把这些错误的观念灌输给了孩子。人们常说春雨润物细无声，父母的言传身教对于孩子更是润物细无声的。所以要想让孩子逃离有问题的家庭体系，父母就要在教育孩子的过程中精心地播种，避免孩子形成错误的

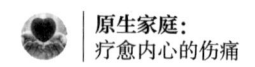

思想。

在很多家庭里，除了有说出口的和没有说出口的观念之外，还有说出口的和没有说出口的规矩。和家庭观念一样，规矩同样会制约孩子的行为，成为束缚孩子成长的条条框框。简言之，所谓规矩就是要做的和不要做的。如果孩子只知道按照父母制定的规矩做事，那么他们就会变成父母的提线木偶，所以父母固然要以规矩来规范孩子的行为举止，也要适度地减少规矩或者放宽规矩，这样孩子才会更加自由，才能符合天性地去成长。总而言之，规矩应该让孩子明确行为边界，却不应该束缚孩子的成长。父母在为孩子制定规矩之初，就应该牢记初心，而不要死守规矩。

对于家庭里不合时宜的规矩，与其强求孩子顺从，不如理解孩子的反抗和叛逆。如果家庭规模很大，这些不好的规矩是祖辈留下来的，那么父母不但不应该强制孩子遵守规矩，还要支持孩子打破旧有的规矩。谁说父母面对孩子必须高高在上，不可一世呢？父母可以成为孩子的同盟军，和孩子站在一个战壕里。总而言之，有问题的家庭体系不仅对孩子是不好的，对孩子的父母也是不好的。当意识到家庭体系有问题之后，我们的当务之急就是远离有问题的家庭体系，在做好准备之后再勇敢地打破有问题的家庭体系，这既是为了我们自己，也是为了孩子。

第一章
不完美的父母，有性格缺陷的孩子

父母要反思现有的家庭模式

作为父母，当意识到孩子在有问题的家庭体系中成长时，切勿无动于衷，更不要成为问题家庭体系的帮凶。父母要勇敢地反思家庭中现有的教育模式，也要想方设法地保护自己的孩子，让自己的孩子健康快乐地成长。只是单纯地想一想，父母也许会认为打破旧有的家庭模式很难，其实当真正下定决心去反思、去改变旧有的家庭模式，去建立新的家庭模式时，就会发现一切并不像想象中那么难。

那么，怎样去做到这一切呢？父母首先要充满勇气。在很多封建传统的家庭里，重男轻女的思想是很重的。作为妈妈，很有可能也受到这种思想的影响而家庭地位卑微。那么，妈妈是应该逆来顺受，任由这样的家庭给自己的儿子、女儿带来负面的影响，还是勇敢地表示反抗，为自己争取到应得的地位，也避免孩子们受到这种家庭模式的影响呢？当然是成为后者，因为前者是不负责任的妈妈。不要觉得在重男轻女的家庭里，儿子会得到非常好的待遇，其实，对于儿子而言，目睹家里的长辈轻视自己的妈妈和姐妹，对他们同样是一种伤害。和儿子相比，女儿受到的伤害就更加明显，在受到不公正的对待之后，女儿很有可能认为这样的对待是合理的，即使长大成人也不知道争取自己的合法权益。所以只有妈妈勇敢，儿子才不会轻视女性，女儿也才会看重自己。

在酗酒者家庭里，如果爸爸酗酒，妈妈始终忍气吞声，不采取有效的措施禁止爸爸酗酒，那么爸爸在酗酒之后就会打骂孩子，孩子就会受到严重的伤害。轻则缺乏安全感，重则患上严重的心理疾病。有些妈妈为了息事宁人，会对酗酒的爸爸采取纵容的态度，却完全忽略了孩子的感受，这样的妈妈和爸爸都有问题，一个因为酗酒伤害孩子，一个因为不作为伤害孩子。勇敢的妈妈要坚决禁止爸爸继续酗酒，也要在爸爸酒后冲动的时候制止爸爸伤害孩子们。妈妈的勇敢、坚强，就是孩子的最好榜样，将会以言传身教的方式教会孩子们在未来遇到类似的情况时该怎么做。

在有问题的家庭体系中，要想打破循环，就必须有人勇敢地站出来，既不当施虐者，也不当受害者，而是真正地成长起来，不再依赖于任何人，拥有强大的内心，让自己变得更加坚强，不可战胜。在此过程中，有行为问题的一方也应该积极主动地寻求帮助，例如，戒掉毒瘾、酒瘾，不再以任何方式伤害家人。当家里有了这样的勇敢者，恶性循环就会被打破，即使不能很快地建立良性循环，孩子受到的伤害也会减少。最重要的是，在未来几代人的共同努力之下，家庭关系的本质将会得到改变，这是多么令人欣慰的事情啊！

作为父母，一定要对孩子做出承诺，切勿以自己当初被父母对待的方式对待孩子，而是要勇敢地告诉孩子"我能保护好你，我一定会保护你的"。这既是给孩子承诺，也是给自己承诺，这样的承诺是有分量的。显而易见，这对于父母而言并不容易做到，父母首先要从自己与父母的关系中抽离出来，愈合自己内心的创伤，才能给孩子更好的保护和对待。

有些父母还面临着三代人的困境。那就是爷爷奶奶或者姥姥姥爷，提出要代为照顾孩子。对于父母而言，这无疑是很尴尬的。如果不能愈合自己因为原生家庭而产生的创伤，他们就很难张口拒绝自己的父母。然而，父母不能让任何人取代自己在孩子成长过程中的角色，尤其是在意识到自己的父母完全会以当初对待自己的方式继续对待自己的孩子时，父母一定要坚决拒绝，并且切实保护好自己的孩子。当然，那些曾经被父母言语虐待或者身体

第一章
不完美的父母，有性格缺陷的孩子

虐待的孩子，在面对自己的孩子时，常常情不自禁地就会挖苦、讽刺甚至嘲笑孩子，还会由于无法控制自己而对孩子动手动脚。在意识到家庭的问题之后，作为父母，一定要深刻地认识到自己的行为来源于哪里，又会给孩子带来怎样严重的伤害，从而控制好自己的行为。

家庭模式给孩子带来的伤害是持久且严重的，因为家庭模式塑造了孩子的生活和成长环境。一旦意识到家庭模式是不健康的，父母就要勇敢、积极地做出改变。在不健康的家庭模式中，父母本身也会给孩子带来伤害。那么，在意识到自己伤害了孩子之后，要勇敢地向孩子道歉。对于绝大多数父母而言，向孩子道歉仿佛是一件很难的事情，他们觉得这会降低他们作为父母的权威，所以他们也拒绝承认伤害了孩子。然而，父母的道歉对于孩子而言是一种疗愈。很多孩子心底都有着难言的隐痛，只有在得到父母真诚的道歉之后，他们的心结才会解开，他们也才能彻底放下过往。

父母在向孩子道歉时，孩子从怀疑自己的感觉和认知，到相信自己的感觉和认知，他们会变得更加自信，变得更有力量。父母无形中在告诉孩子"你的感觉是对的，请你相信自己"。所以在得到父母的道歉之后，孩子心中的创伤就会在很大程度上愈合，而且他们看起来也会像变了一个人一样，从畏缩胆怯到神采奕奕。此外，父母也是在以自己的实际言行告诉孩子，每个人都有可能犯错误，只有真正的勇敢者才会承认和改正错误。

总而言之，作为父母，我们要相信自己有力量改变孩子的命运。当我们逃离了不健康的家庭体系，我们也就拯救了自己挚爱的孩子。当我们打破了旧有的家庭循环模式，我们也就有机会创建新的家庭循环模式，给孩子更加强大的力量。

第二章
看见孩子，看见你自己

每一个孩子都需要被看见。作为父母，在看见孩子的同时，也会看见自己，这样才会在关注孩子的精神和情感需求时，去治愈孩子，并且治愈自己内心的"小孩"。现实生活中，太多的父母都会忽视孩子的需要，他们单方面地认为孩子只要吃饱穿暖就足够了，因而对孩子的内心世界视若无睹，这是不对的。

错位是由角色缺位造成的

虽然孩子天生就很依赖父母，但是在很多情况下，孩子也会依赖其他人。例如，孩子如果与祖父母接触比较多，那么他们会很依赖祖父母；在与同龄人相处的过程中，孩子还会依赖同伴，产生同伴导向。这些不同类型的感情和亲子之间的感情同时存在，形成竞争关系，渐渐地使孩子不再完全依赖父母，父母在孩子心目中的权威也会被削弱。不得不说，尽管其他的长辈也是非常疼爱孩子的，而且同伴也的确与孩子是非常要好的朋友，但是这些类型的关系都不能取代亲子关系。

作为父母，当发现孩子与自己不够亲密时，一定要意识到孩子还是需要依恋父母的，只是因为没有在亲子关系中得到精神和情感上的满足，所以他们才会"移情别恋"。父母必须警惕这种情况的出现，一则不要把孩子完全委托给他人照顾，二则要关注并且满足孩子的精神和情感需求。否则，孩子一旦与父母越来越疏远，父母再想恢复亲密无间的亲子关系就会越来越难。

出生之后，杨浩只在吃母乳的婴儿期和妈妈住在一起。等到杨浩一周岁断奶之后，妈妈就和爸爸一起外出打工了。从此之后，如果没有特殊的情况，爸爸妈妈只在春节时才会回家，而且只待很短的时间。所以在小时候，杨浩甚至不认识自己的爸爸妈妈，只知道这一对陌生的男人和女人总是会给她带回来新衣服，也总是会带很多美味的零食给她。有的时候，杨浩还会怯生生地躲在奶奶身后，警惕地看着千里迢迢回到家里的爸爸妈妈。等到她终于和爸爸妈妈熟悉起来，想要亲近爸爸妈妈的时候，爸爸妈妈短暂的年假已经结束了，她就又要面临和爸爸妈妈的分离。

第二章
看见孩子，看见你自己

一年又一年，时光飞逝，转眼之间，杨浩已经升入初中，开始了住校学习的生活。有一次，杨浩和同学之间爆发了严重的冲突，对方的父母马上赶来学校了解情况、处理问题，而她甚至都不愿意给年迈的爷爷奶奶打电话，因为她知道即便爷爷奶奶来到学校，也是无法解决问题的。后来，还是班主任老师给杨浩的妈妈打了电话，介绍了情况，妈妈才赶紧联系杨浩。杨浩央求妈妈："妈妈，你和爸爸能回家吗？"妈妈为难地说："我们回家了，不挣钱，你和弟弟吃什么，又用什么上学呢？"杨浩被妈妈说得哑口无言，她的心在流泪。良久，杨浩伤心地对妈妈说："妈妈，钱是永远也挣不完的，别的同学，他们的父母就在他们的身边。"

后来，爷爷奶奶赶到学校，把杨浩接回了家。杨浩一边哭一边对奶奶说："奶奶，你要是我妈就好了。"听到杨浩的话，爷爷奶奶都很心疼。从此之后，杨浩变得很沉默，在学习上越来越缺乏动力，最后辍学去了一个距离爸爸妈妈所在的城市很远的地方打工。

在这个事例中，奶奶和妈妈明显出现了错位的情况，也就是说，杨浩发自内心地渴望得到父母的陪伴和呵护，因而在妈妈不愿意辞掉工作回家之后，她把奶奶当成了妈妈。对于妈妈而言，这是多么挫败啊！作为一位母亲，在女儿最需要自己的时候，不管现实情况有多么困难，都应该立即出现在女儿的身边，陪伴在女儿的身边，给予女儿最温暖的关照。遗憾的是，在很多偏远的乡村，很多年轻的父母为了生计都把孩子留在家里，交给老人抚养，而自己则外出打工。长此以往，家庭角色错位现象必然出现，因为本该承担起抚育孩子责任的父母在孩子的成长过程中长久地缺位。

作为父母，切勿觉得孩子只需要吃饱穿暖就可以了。其实，除了衣、食、住、行等方面的需要外，孩子精神和情感方面的需求是更应该得到满足的，这样孩子才能身心愉悦，健康快乐。父母也不要觉得和年轻的父母相比，老人会更加妥善地照顾孩子。在生理需求方面，老人的确能很好地满足孩子，但是在精神和情感需求方面，老人也是有心无力。这就使孩子内心长期缺乏关爱，长期处于得不到满足的情感状态，所以孩子的"移情别恋"也就情有可原了。

其实，父母缺位现象很普遍。在偏僻的农村，父母为了生计而缺席孩子的成长。在大城市里，父母因为忙于工作，看似和孩子同住一个屋檐下，其实也常常会忽视孩子。不管是在农村还是在城市，作为父母都一定要肩负起养育孩子的重任，既要养好孩子，也要育好孩子，这样孩子才能健康快乐地长大。

在成长的过程中，孩子尤其需要成年人的引导。而在孩子周围的成年人中，父母无疑是最重要的，也会对孩子产生很大的影响。很多孩子因为孤独而感到迷惘，仿佛失去了方向，这种情况下他们自然而然会朝着自己最亲近的人靠拢，并且试图从这些最亲近的成人身上寻求方向。如果父母能够抓住这个好时机对孩子进行教育和引导，那么就能事半功倍。

需要注意的是，这并非意味着我们不允许孩子和其他成人接触，也不意味着我们不允许孩子和同龄人交往。在拥有良好亲子关系的情况下，孩子反而更需要和更多的人接触，才能获得更多积极的体验。换言之，当亲子关系稳固，没有人可以取代父母在孩子心目中的位置时，孩子就会从其他的关系中获得更多的成长助力。

要知道，孩子正处于成长的关键时期，心智还不成熟，也缺乏人生经验。对于孩子而言，成长的阶段无疑是充满危险的，所以如果他们过于依赖和他们同样幼稚单纯的同龄人，那么就无法在面对很多问题的时候得到帮助。孩子们具有很强的从众心理，也会因为缺乏判断力而对同伴盲从，正是因为如此，才有很多青少年因为无知和盲从而犯罪。孩子在成长阶段是很容

第二章
看见孩子，看见你自己

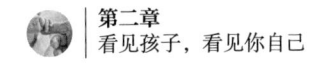

易受到影响的，所以父母不管有着怎样的困难都一定要承担起监护孩子的重任。

记住，在任何情况下，对于孩子而言，父母都是最重要的，也是绝对不可被取代的。

看到孩子无声的需要

在教育孩子的过程中，有些父母始终停留在孩子年幼的阶段，即便孩子已经渐渐长大了，他们依然把孩子当成幼小的儿童去对待，时刻关注孩子，过度保护孩子。这使得孩子如同身陷囚牢，不能得到更多的自由和自主空间。毫无疑问，这样的操控型父母很难教育出独立的孩子。也有些父母和操控型的父母完全相反，那就是他们非但不会时刻关注和保护孩子，反而还迫不及待地要对孩子放手。他们的教育观点是：孩子需要独立，父母需要放手。不得不说，这种类型的父母犯了一个错误，即把放手和独立完全对等起来了。无数的事实告诉我们，不放手和独立并不是互相对立和矛盾的。孩子固然需要走向独立，这也是父母教育孩子的终极目标，但是独立却有两个前提：一是，父母要履行对于孩子的教养义务；二是，真正的独立是让孩子成为自己。

如果没有这两个前提，父母在孩子还没有成长到独立的阶段时就迫不及待地对孩子放手，或者始终要求孩子成长为父母所期望的样子，那么所谓的独立就不是真正的独立。在成长过程中，孩子与同伴相处时会表现出很明显的从众行为，他们宁愿离开父母的身边，也要追随同伴做出幼稚的举动。试问，在这种情况下，父母是该对孩子放手，还是要想方设法地引导孩子回归正轨呢？当然是后者。

正如前文所说的，同伴关系会削弱孩子对于父母的依恋和信任，所以不正常的同伴关系是不利于孩子成长的。哪怕孩子表明自己已经长大了，可以对自己负责了，父母也不能对尚未成年的孩子放手，更不能让孩子完全自己

第二章
看见孩子，看见你自己

对自己负责。很多情况下，不但父母不了解孩子的所思所想，就连孩子自己对于自己的需求也不甚了解。所以父母要密切关注孩子的心理状态，及时地满足孩子的需求，从而有效地引导和帮助孩子。有些孩子特别任性，哪怕不是因为追随同伴，他们也不愿意采纳父母的合理建议，更不想接受父母的命令。在这种情况下，父母固然要改变居高临下对待孩子的方式，却不要完全放手。因为孩子不应该只凭着自身的意愿去成长，而是要在父母的指导下健康成长。

现代的社会中，各种信息涌入，对于成人和孩子都造成了很大的影响。作为父母，要明确自身的责任，尤其是要意识到自己对孩子肩负的责任，这样才能做合格的父母，也才有可能成为优秀的父母。很多父母会悉心照顾年幼的孩子，而一旦孩子走出家门，走入学校，开始进行系统的校园学习，父母就会迫不及待地卸掉教育孩子的重任，自我安慰道："孩子终于上学了，这下子可以放心地把孩子交给老师管教了。"如果老师能对孩子的成长负全责，那么还要父母做什么呢？尤其是在青春期，孩子正处于从少年成长为成人的过渡阶段，会受到各种各样的思潮影响，又因为青春期特有的叛逆，所以他们很有可能会与父母发生冲突。但是，父母一定不要因此就疏远孩子，甚至放弃对孩子的教育重任。要知道，孩子毕竟是孩子，父母作为成人对孩子负有监护的职责，是在任何情况下都不能放弃孩子的。

虽然有很多教育类书籍都在教父母如何当父母，但是父母要认识到一点，即一切的教育都要建立在关系的基础上，老师对孩子的教育如此，父母对孩子的教育更是如此。在一个家庭里，唯有父母与孩子之间建立起了良好稳固的关系，父母对孩子施展的教育手段才能取得良好的效果。换言之，如果亲子关系是和谐健康的，那么家庭教育就可以不露痕迹，水到渠成。反之，如果父母和孩子之间剑拔弩张，亲子关系千疮百孔，那么即便父母是教

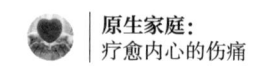

育的大家，也未必能够教育好自己的孩子。所以对于父母而言，当务之急是要修复自己和孩子的关系，也要看到孩子无声的需求。

很多父母都不知道无声的需求是什么。例如，孩子主动提出"妈妈，我饿了"，妈妈也许会立刻放下手中重要的工作，去给孩子准备各种美味的食物。但是，当孩子因为郁郁寡欢而长时间地把自己关在房间里时，妈妈却有可能会庆幸"孩子终于不来烦我了，我终于可以做自己的事情了"。请问妈妈们，在庆幸之余，你们感受到孩子的反常了吗？你们知道孩子内心深处有怎样的需求吗？如果答案是否定的，那么你们一定要警惕，因为这意味着你们在养育孩子的过程中仍有疏漏。这么说也许会让那些含辛茹苦抚养孩子长大的妈妈们倍感伤心，然而，这就是事实，因为衡量好妈妈并非只看孩子是否吃饱穿暖。

出于天性，孩子始终坚定不移地和父母站在一边。作为父母，要知道孩子总是想要亲近我们的，也是愿意信赖我们的。虽然很多情况下，孩子的行为仿佛在疏远我们，而且孩子的言行也表现出对我们的抵触和抗拒。但是，我们要准确地给自己定位，既要当好孩子的抚育者，也要当好孩子的导师。记住，孩子哪怕一言不发，也并非意味着他们不需要父母的关爱、呵护与陪伴。每一位父母都必须敏感地觉察到孩子的无声需求，既认真地倾听孩子的表达，也真正做到理解孩子的内心。唯有这样双管齐下，孩子才能从父母这里得到精神和情感上的满足，也才能更好地做自己。

第二章
看见孩子，看见你自己

叛逆心理与亲子关系的此消彼长

作为父母，不但要看见孩子是否渴了饿了，或者因为磕碰而导致自己受伤了，还要看到孩子的内心世界，看到孩子在很多行为背后的心理诉求。太多的父母都在抱怨自己家的孩子，他们把自己家的孩子与别人家的孩子比较，认为别人家的孩子更听话，而自己家的孩子无疑就是"调皮捣蛋大王"。对此，他们总以为是因为孩子天性顽劣，却不知道这种判断对于孩子是很不负责任的。尽管很多孩子都故意与父母对着干，的确给父母带来了很多的麻烦和烦恼，但是孩子并非故意捣乱，而只是想让自己被父母看见。这样的叛逆行为更多地出现在疏远的亲子关系中。在亲密无间的亲子关系中，孩子无须以叛逆的方式吸引父母的关注，他们可以把自己的需求告诉父母，而且敏感的父母也会觉察到孩子的内心需求。

对于孩子的叛逆，很多父母会毫不迟疑地对孩子施加压力，希望孩子能够在压力之下顺从他们。然而事实证明，对叛逆的孩子施加压力并不能取得良好的效果，孩子很有可能会变本加厉，与父母针锋相对。所以父母要改变教育的观点和方式，不再对孩子施加压力，而是要尝试着与孩子建立更为牢固的关系。事实告诉我们，那些与父母非常亲近的孩子虽然也会出现叛逆的行为，但是他们叛逆的行为出现的时间比较短暂，而且激发起他们叛逆行为的原因往往是容易被发现的。

除了在言语上与父母对着干外，还有很多孩子不敢明目张胆地与父母顶嘴，而是会不屑一顾地对父母耸耸肩、撇撇嘴，或者满脸都写着不高兴。有的时候，父母让他们不要再做出这种怪模样，他们也会我行我素。正是因为如此，很多父母都感到伤心欲绝：孩子小时候，我们那么辛苦地照顾孩子，盼着孩子快快长大；而当孩子终于长大了，不再依恋我们，却又马上成为了我们的冤家对头，恨不得每时每刻都与我们对着干。别伤心，这并不意味着孩子与家长成为了敌人，只是亲子关系出了问题。

当亲子关系越来越疏远，亲子之间的依恋关系就会变得很脆弱，而且会扭曲孩子的本能。亲子关系越是疏远，孩子的逆反心理也就越是严重。反之，如果有亲密无间、良好稳定的亲子关系，那么孩子就会始终信任父母，亲近父母，也不会表现出那么强烈的逆反心理。

从心理学的角度来说，逆反心理指的是人在受到压迫的时候，被激发出的反抗本能。所以从力的角度来说，要想让孩子的反作用力减轻，那么父母就不要肆无忌惮地对孩子发力。细心的父母会发现，孩子虽然在小时候对父母言听计从，但是这并不意味着他们在长大之后还是会凡事都听从父母。这是孩子的自我意识觉醒导致的，所以父母要真正做到尊重孩子，平等对待孩子，孩子才不会出于逆反心理而故意与父母对着干。

曾经有儿童教育学家认为孩子在成长过程中将会经历三个叛逆期。第一个叛逆期是两岁左右，叫作宝宝叛逆期。在这个阶段，孩子自我意识开始萌芽，他们渐渐地把自己和外部世界区分开来，所以恨不得每时每刻都昭告和宣誓自己的主权。又因为没有物权概念，他们还会把一切自己喜欢的东西都据为己有，因而常常出现孩子蛮不讲理地抢夺他人东西的情况。第二个叛逆期是七岁到九岁，叫作成长叛逆期。在这个阶段，孩子的自我意识进一步得到发展，曾经作为父母小尾巴的他们不愿意再和父母一起出门，而更愿意和同伴在一起。第三个叛逆期是十二岁到十八岁，叫作青春叛逆期。这个叛逆期持续的时间很长，在此期间孩子状况百出，所以父母最为头疼。其实，孩子不仅只有这三个叛逆期，而是会在人生的所有阶段都表现出逆反心理。事

第二章
看见孩子，看见你自己

实证明，不但孩子有逆反心理，成人也有逆反心理。只是因为成人具有更强的自控力，所以很少做出显而易见的逆反行为而已。

孩子的逆反心理有很多表现形式。例如，一岁多的孩子面对自己不想要的东西，就会本能地把那个东西推开；很多孩子最喜欢说的一个字就是"不"，仿佛除此之外他们再也想不出其他的话来回应父母；很多孩子胆子比较大，每当觉得父母或者老师说的话没有道理的时候，他们还会振振有词地表明自己的观点，否定父母或者老师的观点。这些举动全都证明了孩子的逆反心理正在"发力"。有些孩子的逆反心理很强，一旦语言不能起到预期的效果，他们还会以肢体动作等来表示自己的反抗之意。

除了这些表示逆反的积极行为之外，也有些孩子表现逆反心理的方式是比较温和和被动的。例如，孩子不愿意完成父母额外布置的作业，所以就以拖延完成校内作业的方式试图逃避，也有可能会撒谎，编造出各种理由拒绝完成作业。有些孩子在与人沟通的过程中特别喜欢和人抬杠，是不折不扣的"杠精"，这就是他们否定对方观念的有效方式。一言以蔽之，逆反心理起源于想要反抗一切的本能。

虽然我们分析了逆反心理形成的原因，但是并不能一蹴而就地解决逆反心理引起的很多问题。不可否认的是，不管是作为父母还是作为老师，都因为孩子强烈的逆反心理而吃足了苦头。很多父母看到孩子磨蹭拖延，恨不得代替孩子完成作业；很多老师明知道孩子能够回答问题，却对故意闭着嘴巴不愿意发声的孩子无计可施；父母给孩子做了各种美味健康的食物，孩子却偏偏要去吃被父母称为垃圾食品的快餐……这些都是逆反心理的典型表现。为了彻底地解决这个问题，为了避免家庭教育起到相反的作用，父母切勿对孩子怀有过高的期望，因为这会激发孩子更强的逆反心理。父母需要记住的是，即便在孩子的成长过程中父母并没有缺席陪伴，没有被其他

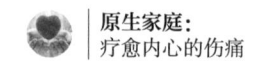

人取代位置，也不要给予孩子压迫感，更不要强迫或者威胁孩子，否则孩子的逆反情绪会马上爆发。

从根本上来说，只有建立更加稳固的关系，才能减轻孩子的逆反心理。在建立良好亲子关系的同时，最好发展依恋关系，得到孩子的信任。有些父母总是强求孩子必须按照他们的意志去做很多事情，这只会适得其反。俗话说，心急吃不了热豆腐。父母一味地强求孩子只会引发孩子的逆反，明智的父母知道要先与孩子之间建立良好的亲密关系，才能为未来教育孩子夯实基础。

面对孩子的反抗，父母还要表示理解，因为人的本能就是会反抗陌生人。当然，如果孩子是同伴导向的，那么即便父母真的很尊重、理解和信任孩子，孩子也常常会与父母针锋相对。父母要知道，和父母对孩子的了解程度相比，孩子对父母的了解程度显然是更高的。哪怕父母因为缺席孩子的成长而导致亲子关系错位，孩子也依然有能力读取父母的内心。

当然，逆反心理固然有很多负面的作用，却也并非完全一无是处。从安全的角度来说，当孩子只信任他们依恋的父母，而对他人怀有警惕心理的时候，他们就能更好地保护自己。此外，孩子产生逆反心理，就会以顽强的意志力坚持自主发展，对于孩子的成长而言，这无疑是个好消息。此外，在从牙牙学语的孩子到真正长大成人的过程中，逆反心理有利于孩子摆脱对家庭和父母的心理依赖，渐渐地形成自己的想法和主见。也可以说，正是在逆反心理的帮助下，孩子才能做到屏蔽父母的期望和要求，渐渐地活成自己真正的模样，完善自我。

作为父母，要把孩子看作独立的生命个体，切勿再把自己的意愿强加给孩子。虽然父母一直在悉心地照顾和苦心地栽培孩子，但是孩子绝不会因此就受制于父母，父母也不会因此得到操控孩子的权力。所以父母的目的不应该是消除孩子的逆反心理，使孩子成为对父母言听计从的提线木偶，而是要引导孩子有意识地选择以怎样的方式表现逆反心理，这样一来孩子反而会因此得到更好的发展。从某种意义上来说，逆反心理是孩子的心理免疫系统，有了这道屏障，孩子才能拒绝外界的各种错误思想，坚持做好自己。

以助力教育孩子，而不是压力

对于孩子的逆反，很多父母存在着更深的误解。他们认为孩子是因为渴望获得权力，所以才以逆反的方式向父母示威。当父母这么想的时候，就会认为自己和孩子置于对立面，这样一来父母就会因为孩子逆反而感到恼火，甚至觉得自己作为父母的权威受到了挑战。当父母无法施展教养权威让孩子对自己言听计从的时候，他们甚至认为是孩子拒绝了他们。不得不说，这样的想法太使人失望了，也会使亲子关系变得剑拔弩张。父母始终要牢记，不管在什么情况下，父母与孩子都不是对立的。父母要多多从自己身上寻找原因，解决教育的难题，而不要总是对孩子心怀忌惮，生怕孩子摆脱自己的控制。

其实，孩子并不是试图摆脱父母，而只是因为有了需求，无法通过正常的方式表述和满足自己的需求，所以只能以逆反的方式求助于父母，或者依赖于父母。只要换一个角度思考，父母就能推翻自己对孩子的误解：如果孩子真的有足够的能力摆脱控制，那么他们还有什么必要向我们示威呢？当父母这样误解孩子的时候，其实父母没有觉察到自身也产生了逆反心理。在这样的情况下，亲子之间必然发生权力争夺大战。在这场战争中，父母无视孩子真正的需求，孩子则不愿意顺应父母，总是与父母对着干。最终的结果是使人遗憾的，那就是孩子并没有得到父母的帮助，满足自身迫切需要满足的需求，而父母的对抗又刺激孩子产生了更多的需求，因而亲子关系变得越来越糟糕，导致父母无法顺利地教育孩子。

当父母认为孩子的叛逆是在对父母示威的时候，父母就会理直气壮地采

第二章
看见孩子，看见你自己

取对孩子施加压力的方式管教孩子。不得不说，从力量上来进行衡量，孩子的力量远远不如父母，所以孩子在面对父母的力量时显得很弱小、很无助。例如，当父母提高分贝对孩子吼叫，当父母采取粗暴的手段强迫孩子顺从自己，作为父母，请你们扪心自问：当孩子长得比你更加高大强壮时，你还会以打骂的方式对待孩子吗？

逆反心理就像是反作用力，当父母施加给孩子更大的力量，孩子的叛逆心理就会更加强烈。面对这样的困境，有些孩子摆出一副鱼死网破的架势，坚决不向父母屈从和投降；而有些孩子则意识到自己与父母之间的依恋关系有可能会因此而遭到破坏，所以他们感到非常恐慌，赶紧跑来和父母和好，以道歉、示好等方式试图修复亲子关系。看到这样的结果，绝大多数父母都不知道孩子做出转变的根本原因，而是盲目乐观地认为自己的强压政策产生了效果，为此在未来的日子里继续采取这样的方式对待孩子。在长时间的反反复复之后，父母与孩子之间的关系会变得越来越脆弱，越来越不稳固，所以父母被他人取代的风险也就随之增大。由此可见，面对孩子的逆反，父母必须做出正确的反应和判断，才能圆满地处理好问题。

即使是很小的孩子也知道主动地寻求助力。例如，他们在无法凭着自身的力量解决一些难题的时候，会主动地向外界寻求帮助。和孩子一样，父母作为成人，也会本能地寻求助力。那么，父母在教育孩子的过程中，寻求的助力又是怎样的呢？通常情况下，父母的助力不外乎两种方式，一种是"贿赂"，另一种是"威胁"。所谓"贿赂"，就是承诺给予孩子一定的好处，前提是孩子必须听从父母的指挥，做到让父母满意。所谓"威胁"，往往是在"贿赂"失去效力的情况下，以强迫的语气或者行为表现给孩子施加压力，还有可能会提出要取消孩子的一些权利。总而言之，为了获取教养的助力，父母们八仙过海，各显神通，采取了五花八门的方式来达到自己的

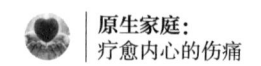

目的。

这意味着什么呢？当父母越来越多地依赖教养的助力去管教孩子，那么就说明教养的权威日渐式微。为了否认自己在教育孩子方面是无力的，也为了否认自己在孩子面前只有极低的教养权威，很多父母都会粉饰自己寻求教养助力的举动。例如，他们给"贿赂"取了很多好听的名字，叫作奖励、物质奖赏、激励、积极的反馈等。此外，他们也给权威起了一些带有迷惑性的名字，例如，批评、惩罚、施加压力等。总之，父母就是不愿意承认自己的内在力量不够强大，因而才以这些外在助力为手段试图左右孩子。

其实，不管是给予孩子"负面"压力还是给予孩子"正面"压力，都必然造成相同的后果，那就是孩子产生了很大的心理压力。真正优秀的父母会避免使用一切利用孩子的喜恶或者不安全感来降服孩子的手段，因为这些行为的本质都是在给孩子施加压力。所以父母切勿把借助于外力的方式作为自己的常用手段来对付孩子，而是要尽量地依靠自身的力量解决教育的难题。

真正高明的父母致力于激发孩子的内部驱动力，让孩子并非迫于外界压力，而是出于真心去坚持礼貌待人、坚持努力学习、坚持保持规律作息。只有出自真心，孩子才会真正把这些行为固定为自己生活的一部分，而不会在失去外力压迫时就改变自己的行为。

作为父母，一定要理解孩子，要看到孩子逆反行为背后隐藏的深层次心理原因。每一个孩子都应该拥有父母的爱，每一位父母都应该看见孩子，并且让孩子感受到父母的爱。尤其是在孩子以各种方式提出需求的时候，父母一定要积极地给予孩子回应，这样才能与孩子建立更为牢固的关系，从而即便不依赖施加压力的助力手段，也能让家庭教育水到渠成。

第二章
看见孩子，看见你自己

教会孩子感知脆弱

很多孩子因为受到过多次严重的心理创伤，所以丧失了对情感的知觉。他们体验不到情感，也感知不到自己到底有多么脆弱。他们习惯了逃避，用逃避的方式来武装自己，假装自己很坚强。外界的人看不到他们的心在流泪，他们自己哪怕内心已经被眼泪淹没，也依然表现得无动于衷。从心理学的角度来说，这是极端的情感冷酷现象。通常，那些从小就无依无靠、艰难生存的孤儿，或者是被很多家庭收养过的孩子，最容易出现这样的情况。此外，有些孩子虽然和亲人生活在一起，但如果曾经被亲人虐待，或者遭受过很严重的忽视，那么他们也会出现这样的情况。这是因为孩子形成了极其强大的心理防御机制，以绝不调动感情的方式避免自己再次受到感情的伤害。

看到这里，相信很多父母都会反观自己的孩子，他们遗憾地发现自己的孩子也有这样的极端表现，但是自己的孩子并没有遭遇到遗弃、虐待或者忽视，这又是为什么呢？甚至，有些孩子在看似正常的家庭环境中长大，也成为了极端冷酷的人。这简直令人百思不得其解。其实，这是因为父母们不知道如何区分不同的冷酷。

那些表现极端冷酷的孩子，不管是受到了什么伤害，都是因为他们的大脑为了避免感觉到痛苦，切断了与创伤之间的联系，从而才出现了这样的表现。正是因为如此，面对创伤，孩子的感知才会那么迟钝。这是自我保护的一种方式。作为父母，如何才能避免孩子出现这样的极端冷酷表现呢？

具体来说，要从下面四个角度进行分析和对待。

第一个角度，如果孩子与父母关系疏离，他们就失去了抗压保护。当孩子与父母关系疏离，他们就很容易受伤，因为他们没有天生的自信心，也不能从父母那里得到天生的力量。这就像是把脆弱无助的他们暴露在诸多伤害之下，是没有屏障把他们与伤害隔离开来的。孩子受到心理创伤并非只是因为重大伤害，在日常生活中，很多事情都会给孩子带来伤害。例如，在集体生活中被忽视，在家庭生活里没有得到公正的对待，总是被父母否定和打击，遭到他人的嘲笑和排挤等。孩子的心灵很脆弱，在感到无助的时候，他们原本应该向父母求助，但因为与父母关系疏离，他们就只能靠自己默默地消化这些负面的情绪，所以他们不知不觉间就会受到心理创伤，而父母因为对这些日常事件缺乏关注，所以压根不知道孩子到底经历了什么。要想避免孩子因为日常的事件遭受心理创伤，父母就要更加关心孩子，关注孩子的情感状态，及时地给予孩子安抚和帮助，让孩子获得安全感。

　　第二个角度，如果孩子与父母关系疏离，他们就很容易受到同伴的伤害。如果孩子与父母的关系亲密无间，那么很容易在和父母相处的过程中因为各种原因而受到伤害。如果孩子与父母的关系疏离，那么很容易在与同龄人的相处过程中因为各种原因而受到伤害。这是因为一旦没有与父母之间的亲密关系作为情感的保护屏障，同伴出于各种原因而对孩子说出的话，都会使孩子特别敏感，同伴出于各种原因而对孩子做出的举动，都会使孩子受到伤害。大多数情况下，同伴并非故意伤害孩子，他们都很小，没有什么坏心思，也因此而口无遮拦。在他们之中，也有极少数人是怀着恶意的，这些人更容易伤害到孩子。我们作为成年人尚且不能从容地面对他人的冷嘲热讽与背叛疏离，更何况是孩子呢？

　　当孩子与同龄人的相处出现问题，往往意味着他们与父母之间的依恋关系出现了问题。所以看到孩子在社交方面问题频现的时候，父母要有意识地反思亲子关系，增进亲子感情，这样孩子才能充满勇气、底气十足地面对外

第二章
看见孩子，看见你自己

界的各种伤害。

第三个角度，如果孩子与父母关系疏离，他们就很难表达脆弱。有些孩子还是可以感知到脆弱的，因而他们会表现出脆弱。在这种情况下，如果遭到同伴的嘲笑和攻击，他们就会伪装坚强。如果孩子和父母的关系很亲密，那么他们可以向父母表现自己的脆弱。遗憾的是，他们和父母的关系很疏离，所以他们就只能把脆弱掩埋在心底，学会对脆弱视而不见，这使他们变得越来越麻木，欺骗自己的感受。

在孩子的同龄人群体中，如果有些孩子在刻意逃避脆弱，那么他们是不允许身边有人表现出脆弱的。所以他们采取攻击脆弱者的方法，表示对脆弱者的不屑一顾和抗拒。在这种情况下，脆弱者只能掩饰自己的真实情感，从而才能融入环境之中。真正的勇敢者不会无视自己的短板，而是会勇敢地面对它们。正如荣格所说的，很多人都会以最不愿意在自己身上看到的东西去攻击他人，例如脆弱。

第四个角度，本身就充满危险的同伴关系，使孩子失去了感知脆弱的能力。很多孩子所拥有的同伴关系原本就是充满危险的，一则是因为有些同伴会故意伤害他们，二则是因为有些同伴会引导他们掩藏脆弱，无视脆弱。要想避免这样的情况发生，父母就要与孩子之间建立同等回应的关系。在这样的关系中，孩子不需要取悦任何人，在任何情况下都能获得尊重和平等的对待，都会感受到身心的安全愉悦。换而言之，父母要使孩子始终坚信自己能够得到父母无条件的接纳，这对于帮助他们形成安全感和自信心至关重要。

如果孩子与父母之间有稳固的关系，那么他们在因为害怕失去同伴而感到恐惧的时候，就不会陷入极端的恐惧之中，就不会因为害怕而变得越发脆弱。此外，父母还应该引导孩子表现最真实的自我，而不要为了维持友谊就压抑自己的个性，就委屈自己承受不该承受的压力。

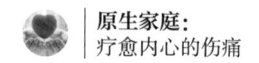

在生命的历程中，每个人都应该拥有和享受情感，孩子更是如此。当父母给予孩子爱，给予孩子关注，让孩子拥有安全感，也可以展示和绽放最真实的自我，孩子就会坚定不移地相信自己拥有无限的可能性，也因此而感到心安和从容。真正的强者从来不是无视脆弱，而是能够敏感地感知到脆弱，也能够坦然地表达自己的脆弱和不安，从而从与父母的依恋关系中获得支持和帮助。当孩子与父母之间拥有了非常美好而又稳固的依恋关系，孩子在与其他人相处的时候也就会表现得更好。

第二章
看见孩子，看见你自己

"学龄前综合征"是怎么回事

　　什么是"学龄前综合征"？相信看到这个名词，很多父母都会一头雾水。简要地说，"学龄前综合征"就是孩子往往冲动地想要做一件事情，但等到真正开始去做之后，又无法坚持下去，很快就选择放弃了。从心理学的角度来说，这是因为孩子处于学龄前的身心发展阶段，心理功能还不能实现互相协调、真正整合。另外，这个阶段的孩子心理不成熟，所以无法对自己的很多表现负责。需要注意的是，如果年纪更大的孩子也表现得像学龄前孩子，那么只能说明他们心智发展不成熟，所以表现得很幼稚。遗憾的是，很多父母都没有意识到自己家的孩子已经不再处于学龄前阶段，他们误以为孩子不成熟属于正常现象，也就忽略了孩子的异常表现。其实，不仅年纪稍大的孩子会表现出学龄前的幼稚，有很多成人也会表现出不符合自身年龄阶段的不成熟。

　　那么，孩子为何会出现学龄前综合征呢？究其原因，是他们与父母之间亲子关系的缺失。因为没有机会更多地与父母相处，也就不可能从父母身上学习，所以孩子只能花费更多的时间与心思和同龄人相处，这使得他们久久不能褪去身上的孩子气，距离成熟还有很长的一段路要走。需要注意的是，如果孩子与父母之间关系疏离，那么他们就很难真正变得成熟起来。遗憾的是，很多父母尽管发现了孩子不够成熟、行为叛逆、不听话，但是却从来没有意识到是自己对孩子的教育出了问题。

　　随着年龄的不断增长，大脑会具备更强的能力整合信息，并且学会处理不同的思维活动。在此过程中，孩子不会因为思维活跃就产生混乱，也不会因此而行为迟缓。这就是孩子在成长的过程中实现了大脑综合能力的发展，所以才会不断地成长。这样的成长不能通过学习实现，只能遵循孩子自身的成长节奏，循序渐进地实现。举个简单的例子，通常情况下，孩子进入小学低年级阶段，应该具备了一定的自控能力，能督促自己主动地完成家庭作业。但是，对于学龄前综合征的孩子而言，他们尽管已经读小学低年级或者中年级了，却依然无法很好地管理自己。他们明明知道自己应该完成作业，却又因为贪玩而三心二意，不断地推迟写作业的时间，直至最终完不成作业。这就使得孩子在小学阶段因为不能坚持学习而倍感苦恼，此外，父母还会因此而不停地指责他们，让他们倍感沮丧。

对于这样的孩子，父母要意识到他们抗拒学习或者不愿意完成作业的真实原因，而切勿一味地指责和否定他们。父母一定要有耐心，才能看见孩子行为背后隐藏的深层次原因，从而给予孩子更多的帮助。

在教育孩子的过程中，不管遇到什么问题，父母都不要急于批评和指责孩子，而是要观察。只有观察孩子的表现，洞察孩子的内心，父母才能找到孩子做出异常行为表现的根本原因。如果来不及观察就仓促地试图解决问题，则很有可能导致事与愿违。

要想养育出独立的孩子，父母就要先让孩子产生独立的意识。很多父母都离不开孩子，恨不得每分每秒都陪伴在孩子身边，当父母这么做的时候，孩子就会对父母产生强烈的依赖，也会在去幼儿园之初产生严重的分离焦虑情绪。为了让孩子做好进入幼儿园的准备，父母要让孩子内心体验分离。只有在特定的阶段做好这件事情，孩子才能渐渐地形成自我意识。此外，在日常生活中，也要坚持对孩子进行体验分离的相关训练。例如，短暂地和年幼的孩子分离，也许孩子一开始很难接受，但是当一次又一次地看到父母回到自己的身边时，他们的分离焦虑情绪就会渐渐缓解；再如，很多父母都会不

第二章
看见孩子，看见你自己

由分说地代替孩子做好一切事情，这对于培养孩子的独立性是极其不利的。父母要知道，父母不管多么爱孩子，都不可能陪伴孩子一辈子，孩子终究要离开父母的身边，去属于自己的天地里翱翔，所以明智的父母会根据孩子能力的发展情况，适时适度地对孩子放手，让孩子做自己力所能及的事情。一开始，孩子也许未必能够做得很好，但是随着时间的流逝，孩子就会做得越来越好，他们也会在此过程中获得自信。尤其是在遇到难题的时候，父母切勿不假思索地去全权代替孩子解决难题，而是要引导孩子进行深入地思考，也要鼓励孩子坚持勇敢地尝试，这样孩子才能做得更好。

对于孩子而言，成熟可不是一蹴而就的。孩子有自身的成长节奏和成长规律，有的孩子很幸运，可以按部就班地实现这个过程，而有的孩子却没有那么幸运，他们会因为各种原因而始终无法真正成熟。如今，网络上有很多流行的词语，例如妈宝男。所谓妈宝男，指的就是那些虽然拥有成熟的身体，心智发育却始终不成熟的男性，而且他们有一个显著的特点，那就是凡事都依赖妈妈，尤其喜欢黏着妈妈。这可不是母子感情好的表现，而只能说明妈妈对孩子的教育很失败，而孩子也根本无法真正做到独立。

孩子首先要做到人格上的独立。很多父母迫不及待想让孩子实现感情上的独立，这当然是不现实的。也有些父母剑走偏锋，为了培养孩子的独立性，甚至在小小的婴儿哭泣的时候，都不愿意抱起婴儿。这对于满足孩子的情感需求极其不利。父母只有引导孩子在人格上渐渐地走向独立，与此同时又让孩子在精神和情感上获得安全感，得到满足，孩子才能身心健康。终有一日，孩子内心成熟，就会理解何为公平，社会为何需要公平。再如，孩子也许会在父母的要求下向别人道歉，但是在真正成熟之前，他们并不会独立地承担责任。可见，成熟对于孩子而言多么重要。

没有捷径可以让孩子们在短时间内走向成熟，他们必须耐心地等待自己的心智成熟起来。那么，作为父母，有没有方法帮助孩子成熟呢？当然有，那就是亲子关系。父母要与孩子之间建立依恋的关系，这样孩子才会按部就班地成长起来，直至成熟。父母只要留心，就会发现成熟的过程很直接，也非常明显。孩子的成熟之路是从依恋开始的，所有生物都和人类一样要以依恋为起点走向成熟。随着孩子对依恋的需求渐渐减弱，他们也就距离成熟越来越近了。打个比方来说，孩子与父母之间依恋关系的建立，就像是一颗种子要想成长，必须先把根扎在泥土中。如果对于植物而言，大地是母亲，那么对于孩子而言，母亲就是大地。

在成熟的摇篮——依恋中，孩子渐渐地形成了独立的人格，也渐渐地走向真正的独立。听起来这仿佛是矛盾的，一方面父母要与孩子之间建立依恋关系，另一方面又要让依恋减弱。其实，这并非矛盾的，而是为了满足孩子在不同成长阶段的心理需求。孩子先是需要依恋父母才能获得安全感，才能满足自身的情感需求，然后带着这份安全感与满足，渐渐地独立于父母，才能成为独立的自己。有些父母并不看重建立依恋关系，这是因为他们不知道对于孩子而言，心理上的依恋需求和生理上的进食需求是同等重要的。

第二章
看见孩子，看见你自己

校园霸凌的根源是亲子关系

近年来，校园霸凌现象广受关注。遗憾的是，大多数人只关注到被霸凌者，而忽略了霸凌者。在校园霸凌事件中，霸凌者和被霸凌者都是值得关注的，也都是需要我们去帮助的。很多父母在孩子小时候就发现了孩子具有攻击性，或者性格软弱怯懦不能保护自己，但并没有重视，他们总是以一句话来安慰自己——长大就好了。然而，长大不是解决孩子成长过程中所有问题的灵丹妙药。作为父母，一定要看到，不管孩子是霸凌者还是被霸凌者，他们之所以富有攻击性或者过于软弱，都是因为没有与父母之间建立良好的亲子关系，都是因为与父母太过疏离。

那些与父母关系疏离的孩子表现出了各种问题。例如，有的孩子就像角斗士，特别喜欢挑衅他人，说话时丝毫不顾及他人的感受；有的孩子特别沮丧，看待问题总是消极悲观，而且特别缺乏安全感，总是惶恐不安；有的孩子非常软弱，因为与父母之间的自然等级关系被打乱，使他们与同龄人相处的时候也遵从不正常的主导与服从关系。

很多霸凌者只渴望获得主导权，而没有照顾他人的意识，为了掩饰自己内心的脆弱，他们还不得不伪装出冷漠无情的样子。他们不关心外界的任何人和事情，每时每刻都在封闭自我，把自己围困成了一座孤岛。

作为父母，在意识到霸凌现象的发生与依恋关系密切相关时，还要牢记一点，即孩子是无法无条件接纳孩子的，这也就意味着父母必须和孩子之间建立依恋关系，承担起艰巨的任务——让孩子依恋，孩子才会拥有丰富的感情和敏感的心灵，也才会渐渐地形成责任心。这又回到了我们前文的论述，

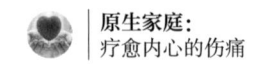

即父母不要缺席孩子的成长，也不要让孩子去依恋父母的替代者，尤其是不要让孩子与同伴之间形成依恋关系。

仅从表面看来，霸凌者仿佛是很强大的，具有力量，内心坚强。而实际上，霸凌者才是真正缺乏安全感的小孩。在家庭教育中，如果父母作为依恋关系的主导总是居高临下地对待孩子，总是从言语上和身体上伤害孩子，那么孩子在与同伴之间建立关系的时候就会迫切地想要处于主导地位。就这样，他们把自己从父母那里积累的压力，转而发泄到同伴身上。反之，如果父母能够给予孩子足够的安全感，孩子就不会这么渴望成为主导者。难道父母对孩子彻底放权，孩子就不会成为霸凌者了吗？这显然走到了另一个极端。事实证明，那些被父母完全放权的孩子，也很有可能成为霸凌者。父母要牢记，放纵与溺爱不是尊重孩子，过早地让还不具备自主选择能力的孩子独立做出选择，同样是不负责任的。

在亲子相处中，父母一定不要因为忙于工作、没有时间等原因忽视孩子的需求。在依恋关系中，如果父母不能很好地承担起主导者的角色，孩子就会自发地成为依恋关系的主导者。这就说明孩子的依恋情感扭曲了，所以孩子才会说出一些骇人的话，或者做出一些使人震惊的过激举动。这样的孩子在与同伴相处的时候，自然而然地就会成为主导者，试图主宰和掌控他人，并因为感情冷漠而做出霸凌的行为。

更深入地探究霸凌现象的心理动机，我们会发现与外部表现截然不同的真相，那就是霸凌本质上是为了满足依恋饥渴。霸凌者通过贬低、控制和霸凌他人，来稳固自己作为老大的地位。当得到被霸凌者的依恋时，他们就会获得情感上的满足。心理学家经过研究发现，霸凌者会故意攻击被霸凌者与自己不同的地方，也有的霸凌者会想方设法地获得优越感。除此之外，他们还会威胁对方、恐吓对方，就是为了让自己稳稳当当地占据上风，而

第二章
看见孩子，看见你自己

让对方绝对服从自己。

更为可怕的是，霸凌者无法像情感健康的人那样表达自己对他人的需求与渴望。他们只想把自己的脆弱隐藏起来，以拒绝厌恶者的方式来靠近亲近者。遗憾的是，即使作为父母，我们也很难看到孩子隐藏如此之深的感情需求。如果父母能够在此刻满足孩子的情感需求，那么孩子说不定就不会走上霸凌的道路。

虽然很多人都对此表示难以置信，但是我们不得不认清楚一个现实，那就是霸凌并非故意。霸凌作为非故意的行为造成了极其严重的后果，既伤害了被霸凌者，也伤害了霸凌者。霸凌者就像是一种极其脆弱的生物，用坚硬的外壳来掩饰自己的脆弱、无助。要想拯救霸凌者，作为成年人的父母就要与孩子建立依恋关系，而且要满足孩子的情感需求，让孩子空虚的情感充实起来。对于被霸凌者而言，同样需要建立健康的依恋关系，真正地与父母亲近起来，也真正地依赖父母，以获得父母的帮助和支持。

作为父母，发现孩子精神与情感的异常是有捷径的，那就是当看到孩子攻击自己的时候，一定要有足够的重视和警惕。只有让孩子依恋与他们关系最亲近的父母，孩子才能真正地对父母敞开心扉，也才能真正地信任和依赖父母。

第三章
建立依恋关系，让孩子身心健康地成长

在生物学上，父母与孩子之间是最亲近的。然而，在现实生活中，很多父母虽然和孩子生活在同一个屋檐下，却对孩子漠不关心，或者忽视孩子的内心需求，导致与孩子之间的关系很疏远，孩子也就无法与父母建立依恋关系。如果说新生儿在呱呱坠地的时候被剪断了与妈妈相连的脐带，那么通过建立依恋关系，父母与孩子之间就又形成了心理脐带。

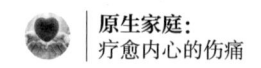

及时回应，才能建立良好的亲子关系

在很多家庭里，父母看似每天忙忙碌碌，却只照顾到了孩子的吃喝拉撒，对于孩子的心理需求，父母却采取完全忽视的态度。或者，父母即便发现孩子还有心理需求需要得到满足，也并不会重视，因为他们误以为孩子只需要吃饱穿暖就可以生存得很好。有的时候，哪怕孩子已经明确提出了自己的需求，父母也不会给予孩子回应，而是听若未闻，视若无睹。长此以往，孩子被父母忽视、漠视甚至无视，心理上就会产生各种问题。直到孩子爆发出各种问题，父母感到震惊之余才会想起来要了解孩子，这个时候却猛然意识到自己根本不了解孩子，更别说走进孩子的内心了。

说起"及时回应"，很多父母也许会觉得很容易，不就是给予孩子回应吗？然而，真正能做到对孩子及时回应的父母却少之又少，真正能做到对孩子的需求及时满足的父母更是凤毛麟角。父母要想做到及时回应孩子，就要做到以下五点。

第一，看见孩子。每个人都需要被看见，孩子更需要被看见。因为父母唯有看见孩子，才有可能与孩子进行沟通，也才有可能与孩子建立关系。

第二，了解孩子真实的心理需求。很多父母都感到郁闷，因为每当他们想要与孩子沟通的时候，孩子总是以一句"你们什么都不懂"就把他们打发了。为此，他们误以为孩子压根不想和父母沟通，也不愿意对父母敞开心扉。其实，这是对孩子的误解。孩子之所以表现出不愿意与父母沟通的样子，是因为父母没有把话说到孩子的心坎里，更没有引起孩子的情感共鸣。

第三，回应要及时。有些父母对于孩子的话充耳不闻，孩子主动地向父母表达，却没有得到父母的任何反应，他们必然会很沮丧。尤其是很多孩子等了很久，父母也没有回应他们，这更是让他们怀疑父母是否真的爱他们，是否真的看重他们。

第四，回应要有效。那么，怎样的回应才算是有效呢？很多父母都适应了自身作为话题终结者的角色，只要孩子开口，他们不是批评孩子，就是否定孩子，摆出一副"我吃过的盐比你吃过的米还多"的架势。试问，如果你是孩子，你愿意和这样高高在上的父母进行沟通吗？此外，回应要能够激发孩子继续交谈的兴致才算是有效回应，如果父母的一句话就让孩子哑口无言，那么这样的回应就不会对孩子产生任何影响。

第五，回应时要控制好情绪。太多的父母只要听到孩子说出不符合他们预期的话，脸上马上就会晴转多云，甚至多云转阴。他们没有意识到自己是父母，而孩子只是孩子，就开始与孩子较劲，甚至在与孩子争吵之后，接连几天都不愿意和孩子说话。这会使孩子产生被父母抛弃的感觉，使他们备受打击，特别沮丧。

当然，父母想及时回应孩子还有很多细节需要关注并且做好。这就需要父母多多了解孩子，才能在回应孩子的时候做得更好。看到这里，很多父母也许会感到困惑：孩子小时候特别依赖和信任我们，为何现在长大了，反而对我们越来越疏远，也不愿意和我们说心里话了呢？其实，如果孩子的行为举止一切正常，那么父母无须过于担心。一则是因为孩子的关注中心不再只聚焦于父母，二则是因为孩子觉得和父母没有共同语言，所以也就无法顺畅地进行沟通。改变这样的局面，当然需要父母放下家长的权威，真正地与孩子打成一片。

原本亲密无间的父母与孩子渐行渐远，关键在于亲子关系出了问题，而亲子关系出问题的根源在于父母没有看见孩子的内心。如果父母对孩子的关心和照顾只流于生活的表面，父母怎么可能真正了解孩子的内心，走入孩子的内心世界呢？只有建立牢固的亲子关系，孩子才会依恋父母，而父母也才能顺利地对孩子展开教育。很多父母都进入了一个思想误区，即觉得自己既然生养了孩子，就有权力管教孩子，然而孩子的想法恰恰相反，他们不会因为父母生养了自己就心甘情愿接受父母的管教，更不会因为父母的身份而认可父母自认为具有的管教权力。对于父母而言，唯有让孩子感觉到自己和父母之间存在特殊的关系，而且他非常认可这种关系，父母才能顺利对孩子进行管教，孩子也才会愿意接受父母的管教。

这就是依恋关系。作为教养的根基，依恋关系的存在决定了孩子的原生家庭关系，对于孩子一生的成长都具有至关重要的影响。从这个意义上来说，父母不要认为自己为了养育孩子呕心沥血就享有管教孩子的权力，因为教养的秘诀是父母在孩子心中的角色。依恋关系越是稳定，父母在孩子心中的角色就越是具有不可取代性，就越是具有强大的力量。作为父母，一定要维系好自己和孩子之间的心理脐带，才能把对孩子的爱传递给孩子，才能真正地看见孩子内心的需求，满足孩子。

第三章
建立依恋关系，让孩子身心健康地成长

很多行为的根源都在于亲子关系

依恋关系是孩子在成长过程中的根基，也是父母教养孩子的根基，这就合理解释了为何很多行为的根源都在于关系。因为一旦关系出了问题，行为也会因为多米诺骨牌效应而出现各种问题。反之，如果关系很稳固，那么行为也会相对稳定。现代社会中，很多父母望子成龙、望女成凤，他们都对孩子怀有很深切的期望，不知不觉间就会把关注的重心放在孩子的学习与成长方面。他们迫不及待地想要把自己认为有用的经验传授给孩子，恨不得当即命令孩子必须按照他们所说的去做，结果却事与愿违地招致了孩子的抗拒，这又是为什么呢？这是因为他们犯了舍本逐末的错误。他们没有关注关系就想要改变孩子的行为，这显然是不可能实现的。

在面对诸多的教养问题时，父母首先需要做的就是修复关系。只有修复好与孩子之间的关系，才具备了孕育孩子走向成熟的土壤。反之，如果父母没有修复关系，就强求孩子必须在各个方面都表现完美，就会引起孩子的反感，甚至激发孩子的逆反心理，使孩子故意与父母针锋相对，故意与父母对着干。

作为父母，不管发现孩子在行为方面出现了什么问题，都要始终牢记关系才是一切行为的根基，才是最重要的。与此同时，父母还要传递给孩子一个很强烈的信号，即不管发生什么事情，父母都不会与孩子分开。这样一来，孩子就会更加依恋和信任父母，也愿意和父母比肩而立，一起面对和处理各种问题。由此我们可以想到，和依恋父母的孩子相比，依恋同伴的孩子是更加难以管教的。因为父母是管教孩子的人，而孩子信任和依赖的却是同

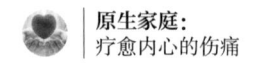

伴，最糟糕的是同伴作为孩子的同龄人很难指导和引领孩子，这也就会使孩子在成长过程中磕磕绊绊，难以成熟起来。

很多孩子因为依恋同伴，而与父母之间产生了隔阂。每当父母试图与他们沟通的时候，他们总是会对父母说一些尖酸刻薄的话，让父母无言以对。还有些孩子正处于"不知天高地厚"的成长阶段，他们还会鄙视和嫌弃父母。对于父母而言，这样的感觉是很糟糕的，尤其是当这样的感觉来自我们最爱的孩子时。从某种意义上来说，依恋同伴的孩子"背叛"了父母，所以他们才会傲慢地对待父母，对父母表现出不屑一顾的轻视。在受到孩子这样的伤害时，父母自然而然地就会退缩，避免自己再次受到孩子的伤害，让自己停留在安全区里疗伤。这使得父母不愿意再为了亲近孩子而受到孩子的侮辱，甚至不再主动试图拉近自己与孩子之间的关系。为此，父母对孩子进行情感回避，本意是为了保护自己，实际上却使孩子产生了误解，误以为父母在拒绝他们。这样一来，亲子关系会变得更加糟糕和难以修复。

面对这样的情况，父母要明确一点，即孩子并非故意伤害父母，所以父母切勿以情感回避的方式更加疏离孩子，这会使孩子心理上形成更大的情感空洞，也在一定程度上把孩子从父母的身边推开，使孩子更加亲近和信任同伴。这样的结果当然是父母不愿意看到的，因此，父母要宽容地对待孩子，真心地谅解孩子，从而为孩子保留回家的通道。

当然，对于父母而言，持续地坐冷板凳的确是很煎熬的。但是父母对孩子的爱要执着而坚定，相信只要父母始终对孩子敞开怀抱，孩子迟早有一天会回到父母的身边，会回到温馨的家里。在此过程中，父母不管在感情上多么受伤，都不要对孩子说"狠话"。有些父母缺乏耐心，在绝望之余会威胁孩子"想回来就回来，不想回来就彻底滚蛋，以后再也不要回来了"。听到父母这样的话，孩子很有可能彻底对父母绝望，再也不愿意亲近父母，更不

第三章
建立依恋关系，让孩子身心健康地成长

愿意回到父母的身边。这显然是非常糟糕的。这相当于告诉孩子，父母是在有条件地爱他们，也是在有条件地认同和接纳他们。

那么，父母明明是世界上最爱孩子的人，又为何会对孩子说狠话呢？从心理学的角度进行分析，父母只是在以这样的方式逃避责任。他们所说的最后通牒往往不是最后通牒，他们心里很清楚他们只是想以这样的方式给孩子施压，但是孩子并不能洞察父母最后通牒的真相，更不知道父母是因为感到无能为力才选择以这样的方式逃避，所以他们无法承受这么直截了当且极其残酷的拒绝。

作为父母，如果真的已经对孩子无计可施，或者觉得自己无法承受巨大的教养压力，那么不妨采取一种曲线救国的方式，让时间去解决问题。例如，如果正值假期，可以让孩子去爷爷奶奶、姥姥姥爷或者其他亲戚家里住上一段时间；如果正在上学的时候，还可以考虑把孩子送到寄宿学校生活学习一段时间。人们常说距离产生美，这个道理同样适用于父母和孩子之间。空间上的暂时分别，能够让孩子和父母都渐渐地恢复冷静，在对孩子的思念中，父母会更多地想到孩子小时候多么可爱，懂事的时候多么惹人心疼，因而再次充满足够的动力去召唤孩子回家，召唤孩子回到自己的身边。这使得亲子关系不再陷入绝境，而是拥有了更大的修复可能性。

接下来，我们要揭露一个残酷的真相，那就是其实很多父母时不时地想要摆脱孩子。看到这句话的父母一定会马上否定：我们这么爱孩子，我们把孩子看得比自己的生命更加重要，我们怎么会想要摆脱孩子呢？别着急，你们之所以不承认这一点，是因为你们也没有明确意识到自己的心意。作为父母，不管是大字不识的农民，还是大学里的教授，也不管本身就是火暴脾气，还是本身是谦谦君子，只要有了孩子，都有被孩子气到无法自控的时候。那么在父母被气得歇斯底里的时候，与孩子之间的关系就会暂时破裂。

这是亲子相处中的正常现象，父母无须为自己偶尔发脾气这件事情对孩子心怀愧疚。接下来才是我们要说的重点，即有的时候孩子会主动回来找父母，那么父母切勿以各种方式向孩子传递错误的信号，使孩子意识到父母并不在乎与他们之间的关系。这里还要再次强调一点，那就是任何时候都要把修复关系和情感联结放在首位，否则就无从谈起教养孩子的诸多事宜。

越是在孩子犯错造成严重后果的时刻，越是在自己被孩子气得七窍生烟的时刻，我们越是要以实际行动或者语言告诉孩子：不管发生什么事情，爸爸妈妈都无条件接纳和包容你，都会始终陪伴在你的身边。这样孩子才会确定父母把与他们之间的关系看得高于一切，才能获得安全感，也才能一如既往地依恋和信任父母。

有些父母迫于各种原因而不得不与孩子分离，那么就要在身体分离的情况下，保持与孩子的心灵和情感联系。千山万水也无法阻隔父母与孩子之间的相聚，相聚既可以是身体上的，也可以是心灵上的，还可以是感情上的。只要坚持做到心始终与孩子在一起，哪怕相距遥远，也不会因为距离而变得彼此疏远。这依然是在强调关系的重要性，所以父母们一定要排除万难，与孩子之间建立亲密无间的稳固关系。

第三章
建立依恋关系，让孩子身心健康地成长

依恋关系，是一切社交关系的基础

当孩子出现行为问题时，很多父母都会想方设法地去改变孩子的行为，却没有意识到自己需要处理的是一段关系。在所有的社交关系中，依恋关系都是基础，只有重视依恋关系，社交关系才能得到良好的发展。在家庭内部，一旦缺少依恋关系，家就不能称其为家，也会给孩子带来很深的伤害。

随着孩子不断地成长，父母与孩子之间的关系也在发生微妙的变化。很多父母都会抱怨孩子不如以前听话了，也会抱怨孩子不懂得顺从父母，甚至认为孩子只是在特定的成长阶段才会如此，只要过了这个阶段就能变回原来的样子。这样的父母既不了解孩子，也不了解关系的重要性。在孩子表现出行为问题的时候，与其一味地揪住孩子的行为不撒手，还不如透过孩子的异常行为看到本质的关系出了什么问题，这样才能从根源上解决问题。

小雅刚刚过了十四岁生日。最近，爸爸妈妈被小雅搞得焦头烂额，简直都快不认识小雅了。原来，小雅此前是个不折不扣的乖乖女，对父母特别顺从，而且温柔懂事，就连说话的声音都细细弱弱的，让人一听就心生爱怜。然而，最近的小雅可不一样了。她凡事都和爸爸妈妈作对，爸爸妈妈让她往东，她却偏偏要往西；爸爸妈妈让她留在家里学习，她却偏偏要去逛街。看着仿佛一瞬间变得陌生的小雅，爸爸妈妈简直要崩溃了。

最让爸爸妈妈难以接受的是，小雅不愿意和爸爸妈妈相处，每次全家人坐在一起吃饭，她总是低垂着头，连看都不看爸爸妈妈一眼。只要爸爸妈妈流露出想和小雅谈心的意愿，小雅就会借口吃饱了赶紧开溜。小雅到底是怎么了呢？曾经每天都黏着妈妈，恨不得晚上和妈妈一起睡觉的小雅，如今

却每时每刻都在躲避妈妈，也特别害怕和爸爸妈妈说话。后来，老师还特意打电话告诉小雅妈妈，说小雅在学校里也很少接触同学，特别内向，简直就是个闷葫芦。爸爸妈妈尝试了各种方法，例如，偷看小雅的日记，让小雅禁足，甚至是关小雅禁闭。但是这些方法非但没有起到预期的作用，反而使小雅的反常行为变本加厉。

对于孩子的反常行为，爸爸妈妈总是第一时间就想要改变孩子。正是因为如此，小雅的爸爸妈妈才会采取了一系列他们误以为会有效的方法和措施，结果却让他们非常失望。那么，在婚姻关系中，如果一方发现另一方出现了类似的反常行为，他们是否也会有这样的猜测和担忧呢？他们更可能会想到对方是否有了外遇，是否爱上了别人，是否想要结束与自己的婚姻关系。由此可以看出，很多父母都把孩子的行为孤立地看待了，但当面对成年人出现类似的问题时，当即就能想到是一段关系出了问题，才会导致对方做出如此反常的举动。如果父母能以对待配偶的态度对待孩子，那么亲子关系就会发展得更好，也会维持得更加稳固。

既然类似的问题放在成人世界里就可以得到妥善的解决，那么父母就应该把解决成人问题的思路延伸到孩子身上，看到孩子做出的反常举动也标志着关系的改变。其实，只要从这个角度来思考，就不难理解小雅的举动，小雅一定是因为与同伴之间建立了依恋关系，所以才会损害了与父母之间的依恋关系，导致自己与父母之间的关系受到了威胁。正是因为如此，对于父母而言，小雅的表现恰恰如同有了"外遇"，她对父母从渴望亲近到厌恶远离，这一点儿都不奇怪。看到曾经特别亲近自己的孩子有了这样的举动，父母自然会深受挫败，感到伤心失望，甚至觉得自己被孩子背叛了。总而言之，这种感觉糟糕透顶。

在漫长的人生中，很多人都会与很多事物产生依恋关系。有人特别关注家庭，会把工作之余的所有时间都用于经营家庭；有人对待工作满怀热情，他们恨不得一天二十四小时都在工作，只想以工作的方式证明自己的能力和价值；有人特别着迷于某一项运动，如有人喜欢极限运动，诸如跳伞、滑翔等，如果不是因为热爱，他们又怎么会执着于危险系数这么高的运动呢？所有的人都有一个共性，即他们不希望在这些关系中出现竞争。所以，父母被孩子"背叛"时会感到深受伤害，配偶之间更是绝不允许另外一方移情别恋。有的时候，哪怕配偶并没有移情别恋，而只是更加痴迷于工作，或者痴迷于某项兴趣爱好，也会引起另一方的不满。这些成人关系中的规律全都适用于亲子关系，所以父母要理解孩子暂时地有了"情感外遇"，把自己所有的关注力都集中到了同伴身上。尤其需要注意的是，切勿让孩子与同伴的亲密关系取代与父母之间的原生关系，否则将会造成非常严重的后果。

很多父母都不理解，为何孩子与同伴之间的依恋关系一定会损害孩子与父母之间的依恋关系，使孩子在亲近同伴的同时，情不自禁地疏远父母。这是因为人与人之间的依恋关系就像是磁极一样，具有两极性。这就像爱情的排他性一样，亲近和疏远就像是硬币的两面，孩子越是亲近同伴，疏远父母，就越无法保持中立的状态，对同伴和父母两者兼顾。

对于孩子这样的行为表现，父母固然会有失落沮丧的情绪，但不要认为孩子缺乏礼貌，甚至觉得孩子有性格缺陷。父母要尊重孩子在亲子关系中表现出来的个性，也要像剥开洋葱那样层层剥开孩子的心，看见孩子内心深处的真实世界。在父母的努力帮助下，孩子能够与父母维持依恋关系，这使得他们在面对各种类型的社交时更加从容自在，更加充满自信。

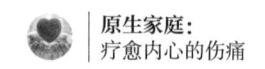

父母当好了父母，孩子才能当好孩子

作为父母，在孩子心中的排序应该位列第一，因为只有如此，孩子才会敬畏父母，也才会认为父母比其他所有人都更加重要。在家庭生活中，如果孩子对父母的排序不再是第一，那么父母就没有了孩子的依恋作为亲子关系的支撑，这使得父母只能以责任感对待孩子，与孩子的关系就不会再像以前那样亲密无间。

每一位父母都知道，照顾小婴儿可不是那么容易的事情。一个小小的生命从降临人世之初，就会把整个家里都搅得天翻地覆，人仰马翻。它可爱的时候是天使，折磨人的时候又像是魔鬼。如果父母只是以责任感和成就感作为情感上的支撑，就很难一如既往、不厌其烦地照顾孩子。唯有以依恋关系为基础，父母才会充满耐心和爱，并无微不至地照顾孩子。这就是依恋对于教养行为的强大影响。

关于依恋关系，很多父母连听说都没有听说过，更不会有意识地与孩子之间建立依恋关系。但是，他们又非常幸运，因为他们凭着当父母的本能，成功地与孩子建立了依恋关系，这使得他们有机会成为合格且优秀的父母。尤其是在教育孩子的过程中，依恋关系为父母提供了有力的支撑，使孩子愿意接受父母的管教，也使得父母在不知不觉间树立了教养权威。当然，实现这一切的前提是，在亲子教养中，依恋关系处于第一位，在孩子的心目中，父母也处于不可取代的第一位。

最近，妈妈特别想与安琪聊天、谈心。这是因为自从进入青春期后，安琪就变得越来越沉默内向，总是郁郁寡欢，也不愿意和妈妈腻歪在一起了。

第三章
建立依恋关系，让孩子身心健康地成长

曾经，妈妈觉得安琪坚持要和自己一起睡觉是很麻烦的事情，现在，妈妈却无比怀念那样的幸福时光。

周六晚上，妈妈来到安琪的卧室，试图和安琪交谈。然而，不管妈妈多么努力，安琪对妈妈的回应顶多只有两个字"好的"，有的时候她也会只回应妈妈一个字，那就是"嗯"。看着惜字如金的女儿，妈妈只好使出最后的撒手锏，对安琪发出邀请："安琪，爸爸出差了，妈妈一个人有点儿孤独，你可以陪妈妈一起睡觉吗？"安琪露出久违的笑容，却没有改变拒绝妈妈的心意，她说："妈妈，你都多大的人了，还害怕孤独呢？你可以看看电视节目，或者看看手机，很快就能睡着了。"最终，妈妈失落地离开了安琪的卧室。她怎么也想不通，曾经能够喋喋不休和她说个整晚的安琪，为何突然之间变得如此沉默呢？

在很多家庭里，父母都有和安琪妈妈一样的困惑。其实，这是因为孩子进入青春期，更加看重同伴，所以不知不觉间就会改变自己心目中对父母的排序。父母导向的孩子会与父母建立依恋模式，他们非常信任和依赖父母，不管有什么事情都会第一时间向父母求助。这明显表现出依恋模式的特点，即当一方形成依恋意识，就会心甘情愿地满足另一方的需求。所以父母不要再误以为孩子更愿意与同伴沟通，是因为自己作为父母没有掌握正确的沟通方法，而是要意识到亲子沟通的不畅意味着自己与孩子的关系出现了问题，这样才能有的放矢地解决问题。

根据依恋模式的特点，我们很容易推断出同伴导向的孩子会忽视亲子关系，使得原本应该在亲子关系中产生作用的动力错误地作用于同龄人，他们会非常亲近同伴，甚至主动地满足同伴的需求。显而易见，同伴作为孩子的同龄人是无法引导孩子的，盲目地相信同伴，使得孩子在处理很多问题的时候都陷入了迷惘的境地，甚至因此而受到伤害。基于这一点，父母虽然不能

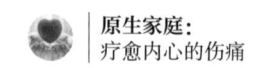

影响孩子的交友，但要密切关注孩子到底在和什么样的同伴相处。古人云，近朱者赤，近墨者黑，说的就是这个道理。

从父母的角度而言，要想再次得到孩子的尊重和敬畏，关键在于修复亲子关系，重新与孩子建立依恋关系，从而使自己在孩子心中回到第一位。只有做到这一点，很多显而易见的亲子问题才会迎刃而解。

那么，作为父母，为何能够始终不求回报地照顾孩子呢？尤其是照顾小婴儿，绝不是一件轻轻松松就能完成的事情，不但会考验父母的精力，还会消耗父母的耐力，也需要财力和物力的支撑。有些父母是心甘情愿地在为孩子付出，从来没有奢求得到孩子的回报，也不要求孩子必须因为得到父母的照顾而服从于父母。但是有些父母则恰恰相反，他们以自己照顾孩子为由试图控制孩子，还会喋喋不休地在孩子面前诉说自己多么辛苦和疲惫，从而使孩子产生对父母的愧疚感和亏欠感，这是不利于孩子身心健康发展的。要想成为合格的父母，对于孩子对父母的付出不以为然的态度，一定要予以理解。父母对孩子的付出，同样源自依恋关系。依恋关系激发父母的本能，使父母愿意倾尽所有照顾好孩子，也使得父母不管遇到怎样的困难和障碍都能战胜。即便孩子犯了错误，父母也愿意原谅和宽容孩子。即便孩子触犯了法律，受到了法律的惩治，父母也会一如既往地疼爱孩子，希望孩子能够浪子回头重新做人。这就是依恋关系的魔力。

有了依恋关系，那么当父母单方面地对孩子好，却得不到孩子的回应，眼睁睁地看着孩子更加亲近同伴，而不把自己当回事时，父母也能继续理解和关爱孩子。不抱怨，一如既往，使父母和孩子的依恋关系经历风雨飘摇之后能够得以存续。也正是依恋关系，让父母在教养孩子的过程中，哪怕再苦再累，只要看到孩子的笑脸，就会觉得一切都是值得的。

虽然在与父母的依恋关系中，孩子的"背叛"让父母备受煎熬、备感委屈，但是更让父母无法忍受的是，在家里娇生惯养、被自己捧在手心里的孩子，在与同伴的关系中却非常隐忍，哪怕被同伴伤害，也会说服自己原谅同伴。这更加剧了父母的不平衡感。其实，孩子压根不知道同伴之所以伤害他们，是因为不在乎他们的感受。父母切勿强求孩子改变，而是要给孩子时间去发现真相。

当然，解决所有问题的根源依然在于建立依恋关系。在家庭生活中，唯有父母是父母，孩子是孩子，并且父母与孩子之间建立起了稳固的依恋关系，整个家庭生活才会维持正常的运转，也才会让孩子更加健康快乐地成长。

怎么说，孩子才肯听

让无数父母头疼的是，他们压根不敢相信眼前的孩子就是那个曾经对自己言听计从，以崇拜的眼神看着自己的乖巧孩子，否则，孩子为何现在不愿意听自己说任何话，而且总是不分青红皂白地就要否定自己，与自己对抗呢？每一位父母都梦想着能够达到一种理想的状态，那就是孩子即便长大了，也愿意听自己所说的话；孩子即便长大了，也依然看重自己的建议，更愿意采纳自己的合理建议。要想实现这一点并不难，如果说孩子与父母针锋相对的根本原因是与父母之间没有建立依恋关系，或者是与父母的依恋关系出了问题，那么改变这种现象的根本办法就在于与孩子之间建立依恋关系，或者修复与孩子的依恋关系。

作为父母，我们不得不遗憾地承认，只有在孩子关注父母的前提下，孩子才会愿意听父母说话。一旦孩子不再关注父母，父母要想教养孩子就会面临重重困难。然而，父母根本无法控制孩子的注意力，对于优先考虑什么事情，孩子会做出他们的选择。有些选择是孩子凭着本能做出的，有些选择则是孩子有意识地做出的。例如，在特别口渴的情况下，孩子最关注的是水；在特别孤独的情况下，孩子最关注的是同伴。那么，如果孩子不能在本能或者是意识的指引下找到自己应该关注的方向，该怎么办呢？他们的当务之急是找到自己熟悉的人，或者优先处理那些引发他们恐慌的事情。在孩子的内心世界里，依恋无疑是他们认为最重要的，因为孩子会把注意力集中在依恋方面。依恋的程度越高，孩子注意力集中的程度就越高。反之，如果依恋的程度很低，那么就很难吸引孩子的注意力。

第三章
建立依恋关系，让孩子身心健康地成长

在亲子关系中，如果孩子与父母日渐疏离，那么他们就会自然而然地把注意力转移到同伴身上。这是很危险的情况，因为在父母一不留神的情况下，孩子就有可能与同伴建立依恋关系，从而危害到与父母之间的依恋关系。一旦出现这样的情况，孩子就会很反感父母的话，也会忽视父母。毫无疑问，因为依恋关系起到主导孩子注意力的作用，所以在这场与同伴的较量中，父母处于下风。

当父母真正意识到孩子是因为依恋，才甘愿服从父母的管教，那么父母就会知道自己应该做什么，又应以什么为重心。明智的父母会当即着手修复与孩子之间的关系，重建与孩子的依恋关系。一旦达成目的，从此父母不需要再对孩子唠唠叨叨，也不需要再提高嗓门和孩子大吼大叫，孩子也会关注父母，并愿意顺从父母。这很神奇，也很有效。

依恋父母的孩子有很多明显的特点，例如，他们一进家门就要寻找父母，他们即使晚上也不愿意和父母分开，而是想要和父母相拥而眠，他们关注父母细小的需求，竭尽所能地满足父母的需求，给父母他们所独有的温暖。这一切都使父母觉得孩子就像是天使，是上天派来关爱自己的。在这个阶段，依恋就像是隐形的牵引带，让父母和孩子之间建立亲密无间的关系，从身体到心灵都非常亲近。有的时候，父母甚至觉得孩子的亲近给自己带来了压迫感，也让自己感到很麻烦。例如，有些幼儿特别依恋妈妈，哪怕妈妈上厕所，他也会守在厕所门口等待着，夜晚，他们并不满足于和妈妈一起睡觉，还会枕着或者抱着妈妈的胳膊，即使在睡着的状态下，他们也能感受到妈妈身体的移动，并且会马上醒来。从某个角度看，孩子以这些行为紧紧地盯着妈妈，让妈妈感到有些麻烦，但是换一个角度来看，我们就会发现孩子如此依恋妈妈也是有好处的，会让妈妈更加容易照顾好孩子。例如，妈妈带着孩子去商场，孩子并不会离开妈妈的视线，而是紧紧地跟在妈妈的身边，

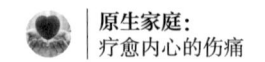

不让妈妈离开自己的视线，这样妈妈就无须担心孩子会走丢了，或者害怕孩子因此而面临危险。

看了上面的论述，相信很多父母都会感到恍然大悟，原来关键并不在于怎么说孩子才会听，而在于孩子是否愿意出于依恋而倾听父母，顺从父母。即便此时此刻的你正在因为孩子想从身体上亲近你而感到麻烦，也请你不要拒绝孩子亲近的要求，因为你最终会发现孩子对于身体亲近的要求会转化为他们对于情感上亲近的需求。每一位父母都应该感谢依恋，因为正是依恋使孩子如此亲近我们，也是因为有了依恋，我们才能顺利地履行教养孩子的职责。作为父母，我们的首要任务是学习如何与孩子建立依恋，然后再借助于依恋管教孩子，这样才能起到事半功倍的效果。

一旦与父母疏离，孩子就只能转而与同伴建立依恋关系。所以在养育孩子的过程中，父母切勿缺席，更不要缺位。父母对孩子的付出远远不止金钱、物质等方面的给予，更是花费时间和精力陪伴孩子，始终守护在孩子身边，给孩子安全感，也让孩子得到情感上的满足。

第三章
建立依恋关系，让孩子身心健康地成长

成为孩子的引导者

每一位父母都想成为孩子崇拜的人，这一点是毋庸置疑的。然而，要想实现这一点并不容易。只有在建立了依恋关系的前提下，孩子才会想要靠近父母，也才会喜欢模仿父母的言行，并且他们会为自己拥有这样的父母而感到骄傲。作为父母，也以自己的言行举止影响着孩子。只要得到了孩子的尊重和敬爱，父母就会很自豪。然而，当发现孩子不愿意接受父母的引导时，可想而知，父母会感到很受打击，也根本想不明白孩子为何不以父母为榜样和向导。

如果父母发现孩子曾经以自己为榜样和向导，又突然之间发生改变，不愿意继续模仿和学习父母，那么父母就要引起足够的重视，也要意识到是依恋关系出了问题。尽管父母往往把自己的家庭地位和教养权威看得很重，然而现实却告诉每一位父母，只凭着父母的家庭地位和自以为是的教养权威，孩子并不会主动模仿父母，更不会崇拜父母。只有在与父母建立起依恋关系的前提下，孩子才会把父母的一言一行都看得至关重要。这是因为孩子本能地想要亲近自己依恋的对象，而从行为举止上模仿对方无疑是最有效的方法。

新生命从呱呱坠地开始，就踏上了学习的旅程。孩子具有自主学习的能力，也是得益于他们处于对父母的依恋，而主动自发地向父母学习。对于孩子而言，依恋能够使他们产生源源不竭的动力，坚持主动地学习父母的各种行为。反之，如果孩子并不依恋父母，那么即便父母刻意地教授孩子，孩子也不愿意竭尽全力去学习。只要认真仔细地回想孩子成长的经历，父母就会发现自己并没有刻意地教孩子学习每一个词语，也没有刻意地纠正孩子的每

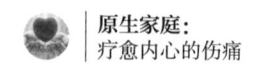

一种行为，也没有刻意地培养孩子形成某种意识或者观念，孩子却自然而然地学会了很多词汇，做出了很多行为，也形成了不同的意识和观念。这都得益于依恋，正是在依恋力量的驱动下，孩子才会主动自发地做好这些事情。

这样的心理特点不仅体现在孩子的成长过程中，也体现在孩子的学习过程中。对于喜欢的老师所教授的科目，孩子会坚持努力学习，也会学有所成，并且在学习的过程中获得充实与快乐。与此恰恰相反，如果孩子很讨厌某一科目的老师，那么他们就无法学好这门科目，更不可能从学习中获得快乐。由此可见，不管是父母还是老师，要想成为孩子的榜样和引导者，就必须与孩子建立依恋关系。

然而，孩子并非只会依恋父母和老师，他们也会依恋同伴。依恋同伴的孩子自然而然地会学习同伴的行为举止，而和父母与老师都能对孩子的行为结果负责不同的是，同伴并不会对孩子的行为结果负责。换言之，同伴并不负责监护孩子。为此，在向同伴学习的过程中，孩子固然会学习同伴身上的闪光点，但也会学习同伴身上不好的地方，这使得孩子对同伴的学习完全处于失控的状态。在这种情况下，孩子就会明显体现出近朱者赤，近墨者黑的特点。他们和积极乐观的同伴相处，就会受到同伴的影响形成正向的思想意识；而如果和消极悲观的同伴相处，孩子们就会受到同伴的影响形成负面的思想意识。如果同伴的品质是很恶劣的，那么孩子就有可能由此走上人生的歧途，甚至做出违背道德、触犯法律的事情。

为了避免这种糟糕的情况出现，父母在任何时候都不要缺席孩子的成长，而是要坚定不移地陪伴在孩子的身边，对孩子进行引导。在成长的过程中，每一个孩子都不会一帆风顺。尤其是在校园生活中，失去了父母无微不至的照顾和全力以赴的帮助，孩子不得不独立面对很多难题和困境，这使得他们常常感到手足无措。为了避免孩子迷失方向，父母要通过依恋关系成为

第三章
建立依恋关系，让孩子身心健康地成长

孩子的航标，得到孩子的信任，使孩子不管遇到怎样的难题都会第一时间求助于父母，得到父母及时有效的帮助。作为父母，一定要明白教养孩子的基本原则和目标，那就是为孩子明确人生的方向，为孩子提供有效的指导。孩子固然会自发主动地学习和成长，但是只靠着自己摸索，人生难免会走太多的弯路。但如果能够得到父母的指导，孩子就可以成长得更加顺利。

很多父母都为如何教育好孩子而感到头疼，却不明白教养方式并没有是否高明的区别，关键在于孩子在依恋关系中以谁为榜样。换言之，父母是孩子的依恋对象，就可以在潜移默化中对孩子施加正面影响，教育好孩子。如果父母根本不是孩子的依恋对象，那么即便父母费尽苦心，也无法真正做到教养孩子。要知道，孩子总是以成人为导向的，父母一定要成为孩子的导向，才能对孩子进行教养。所以父母一旦发现家庭教育出了问题，先不要反思教育的方式是否合适，而是要反思自己和孩子的关系是否依然是依恋关系。这是亲子教育中隐藏很深的问题，只有抓住这个问题有的放矢，才能从根本上解决教育的难题。

有些父母即便与孩子建立了依恋关系，也高兴不起来，这又是为什么呢？原来，在得到孩子依恋的同时，他们感到特别疲惫，不得不每时每刻都关注自己的行为举止，才能保证对孩子产生积极的影响。这就是父母的职责。试问，如果父母不能承担起如此重要的责任，谁还能和父母一样肩负起教育孩子的重任呢？所以作为父母必须深刻意识到，父母是孩子的监护人，父母要照顾好孩子，就要先成为更好的自己。在与孩子亲密相处的过程中，父母还会因为有意或者无意而伤害孩子，只有及时地弥补错误，才能保证教育的效果。

说起引导，父母要避免一个误区，即不要为了给孩子空间进行自我引导，就放弃引导孩子，或者故意不引导孩子。这样的举动是对孩子极其不负

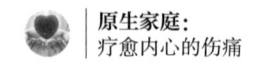

责任的，因为孩子的心智发展还不够成熟，根本无法做到自我引导。在父母引导孩子的过程中，孩子渐渐地成长，心智越来越成熟，最终就能实现独立自主。所以父母不要盲目地对孩子放手，而是要以孩子的身心发展特点和规律为依据，适度地引导孩子、帮助孩子。如果父母始终不引导孩子，那么父母在孩子心目中就会失去教养权威，这显然是不利于对孩子进行管教的。所以父母要把握好适度的原则，既要引导和帮助孩子，又要根据孩子的成长适度地给予孩子更大的自主空间。

第三章
建立依恋关系，让孩子身心健康地成长

稳定的依恋关系，让孩子探索世界

绝大多数父母都知道，孩子之所以充满学习的动力，是因为他们有好奇心，对这个世界充满好奇，也愿意展开实际行动去探索未知的世界。那么，孩子的好奇心是天生的吗？当然不是。孩子的好奇心并非与生俱来，而是在成长的过程中渐渐形成的。在成长的过程中，孩子如果对某个领域感兴趣，那么他们就会产生学习的动力。在学习的过程中，他们从毫无所知到有所了解，自然就会获得成就感。好奇心强的孩子更有勇气，他们从来不会因为害怕犯错而畏手畏脚，更不会因为害怕承担责任而逃避。哪怕遇到困难，他们也会想方设法去解决，而不会一味地退缩。这就是好奇心赋予孩子的力量。如果孩子足够幸运，得到了父母的支持和鼓励，那么他们就会表现得更加积极主动。如果孩子没有那么幸运，总是被父母限制和禁止，那么他们就会表现得很消极很悲观，也会畏手畏脚，不敢放手去做。

在学校里，孩子还会面临更复杂的矛盾。他们对于学习的内容不感兴趣，而只想学习自己想学的内容，这就产生了冲突。为此，有些父母要求孩子必须放弃兴趣爱好，学习该学的东西，这对孩子而言无疑是沉重的打击。其实，想学的东西和该学的东西并不是非此即彼的。如果父母能够借此机会助力孩子发展兴趣爱好，就能保护好孩子可贵的好奇心，也就能与孩子之间建立稳固的依恋关系。得到了父母的支持，有了父母作为自己的坚强后盾，孩子才会勇敢地探索未知世界。在此过程中，他们的学习内驱力被激发出来，他们在发展兴趣爱好的过程中也会意识到其他知识的重要性，因而做到自主学习。

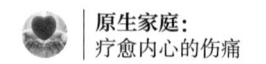

和稳固的亲子依恋关系相比，同伴依恋关系则是不稳固的。如果孩子没有与父母建立依恋关系，而是选择依恋同伴，那么他们就不得不花费大量的时间和精力用于与喜怒无常的同伴相处，根本无暇保持好奇心。从这个意义上来说，父母与孩子之间建立稳固的依恋关系，对于孩子把更多的时间和精力投入学习，是极其有帮助的。

在同伴关系中，孩子如果特立独行，与众不同，还会招致同伴的嘲笑、讽刺，甚至会被同伴排挤。相比起同伴，父母对孩子的包容度更高，会尊重孩子的兴趣爱好，也会为孩子创造条件，鼓励孩子继续深入钻研。因此不管从哪个方面来说，孩子都应该更加依恋父母，而不要让宝贵的好奇心在同伴依恋中被消耗殆尽。

在稳固的依恋关系中，孩子得到了父母的认可，也形成了积极的自我认知。他们相信自己的能力，也相信自己只要努力就能得到想要的结果，更相信自己不管面对怎样的困难都能得到父母的倾力相助。这使得他们看起来胸有成竹，而且他们的情绪非常平静稳定，很少会因为一些小事情就情绪大爆发或者歇斯底里。

对于孩子的学习而言，好奇心无疑是动力的源泉。如果缺乏好奇心，对任何事情都没有兴趣，孩子就会产生厌倦感，不愿意接触新鲜事物。当孩子开始学习，父母既要坚定地相信学习是孩子自己的事情，也要在学习方面给予孩子引导和帮助。很多孩子在学习之初是很被动的，因为他们不知道学习的意义，也不知道自己为何要认真努力地学习，更不知道自己如何才能把学习过程中得到的知识碎片整合起来。在这些方面，父母既可以引导孩子，也可以教授孩子。切勿觉得孩子学习那么简单的基础知识是毫无意义的，所谓万丈高楼平地起，孩子不可能一蹴而就成才，必须从最基础的知识开始学起，一步一个脚印地努力攀登。

第三章
建立依恋关系，让孩子身心健康地成长

毫无疑问，孩子在探索世界的过程中必然会面临很多难题，也会因为各种原因而有意或者无意地犯错。面对错误，如果孩子就此止步，虽然可以及时停止继续犯错，但是却会限制自身的成长。正如人们常说的，错误是进步的阶梯，犯错不可怕，可怕的是不能以正确的态度面对错误。当然，对于孩子而言，父母的态度也至关重要。有些父母一旦发现孩子犯错，就会严厉地呵斥孩子，指责孩子，甚至惩罚孩子，这样一来孩子还怎么敢继续尝试呢？明智的父母可不会因为孩子犯错就大发雷霆，因为他们深知错误对孩子成长的重要性，因而会和孩子一起分析犯错的原因，也会支持孩子在总结经验和教训后继续勇敢尝试。

在帮助孩子处理错误的过程中，父母一定要牢记初心。从本质上而言，纠正错误是父母管教孩子的重要方式之一。所以父母要始终牢记帮助孩子指正错误的根本目的，在于避免孩子再次犯同样的错误，而不是借此机会惩罚孩子，或者发泄作为父母的愤怒和不满。既然如此，父母就要心平气和地为孩子指出错误，这样孩子才会信任父母，不会出现逃避的现象。

总而言之，孩子的成长是漫长的过程，在此过程中孩子在好奇心的驱使下探索世界，既会有所收获，也会不断犯错。父母要与孩子之间建立稳定的依恋关系，要采取正确的方式对待孩子的错误，孩子才会更加勇敢地面对未来。

依恋关系，是孩子成长和进步的动力

如果父母与孩子关系疏离，孩子就无法从错误中获得成长，反而会产生三种不利于孩子成长的情况。一则，在学习的实践环节，没有对父母的信任和依赖，孩子不能勇敢试错；二则，缺乏父母的引导和耐心教诲，很多孩子压根不知道自己哪里做错了，因而也就无法从错误中汲取经验和教训，更不可能学会承担责任；三则，孩子会产生无力感，这是因为孩子因犯错而备受打击，又因得不到父母的谅解和支持而倍感无力，所以他们会越来越沮丧，感情也会变得冷酷。

如果孩子因为学习和犯错而受到了上述三重伤害，那么他们就只能凭着与父母的依恋关系，获得或重拾学习的动力。有些孩子缺乏好奇心，也缺乏综合思维，更没有良好的适应能力，为此他们必须依靠依恋情感坚持努力学习。这正是很多孩子学习的现实状态，即他们并非出自本心而热爱学习，而是为了亲近成年的教育者——父母或者老师，所以才不得不努力学习，争取自己的学习表现能够让成年教育者感到满意。对于孩子而言，这当然也是学习动力的来源，将会很有效地推动他们的学习进度。

从这个意义上而言，依恋作为学习动力是极其强大的。即便孩子缺乏好奇心，或者无法从错误中汲取经验和教训，也能凭着依恋坚持完成学习任务。这就合理解释了为何有些孩子在学习方面并没有特别的天赋，也没有强大的适应能力和强烈的好奇心，却在学习方面始终出类拔萃。这都得益于依恋。依恋促使他们深入学习各种知识，掌握学习的方法和有效的捷径，从而提升学习效率，增强学习效果。他们始终有着强烈的学习欲望，这是因为他们依恋的对象正在不断地对他们施加积极的影响力。

孩子要想在学习方面有出色的表现，就要以依恋优秀的成年人为前提，例如，父母或者老师。如果孩子依恋的对象是同伴，那么他们非但不会坚持表现突出，反而还会因为同伴不擅长学习，而刻意在学习上"放水"，让自己在学习方面表现得很糟糕，从而获得同伴的认同，稳固与同伴之间的依恋关系。这样一来，孩子非但不能进步，反而会出现退步的情况。作为父母，当然不愿意孩子如此，那么就要坚持陪伴孩子，与孩子建立依恋关系，给予孩子积极的力量。

看到这里，相信很多父母都会恍然大悟：难怪我们绞尽脑汁地督促孩子学习都没有起到良好的效果，原来是因为我们没有吸引到孩子的注意力，没有让依恋成为孩子的强大学习动力。只有依恋父母的孩子，才会愿意接受父母的引导；只有依恋父母的孩子，才会把父母当做是自己的航标；只有依恋父母的孩子，才会以父母的引导作为自己努力和奋斗的方向。除了依恋父母之外，如果孩子依恋老师，那么老师就能鼓励孩子，激励孩子，帮助孩子形成正确的学习观。

需要注意的是，这里所说的老师指的是受过教育、品行端正、尽职尽责的老师，而不是被孩子视为老师的同伴。很多孩子出于对同伴的依恋，会把同伴视为自己的导师，凡事都顺从同伴，还会努力地追随同伴，这都会使孩子受到负面的教育和影响，对于孩子的学习当然是没有好处的。

依恋关系，不仅能够激励孩子全力以赴地投入学习，在其他方面，也会对孩子形成强有力的促进力量。例如，孩子看到父母为人处世的方式，也会默默学习父母的样子发展人际关系；孩子看到老师一边工作一边还在坚持自学，提升文化水平，也会受到老师的感召，自发地学习。不管是父母还是老师，成熟优秀的成年人都会给予孩子积极的影响，也会引导孩子身心健康地

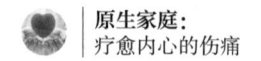

成长。尤其需要注意的是，父母切勿让同伴成为孩子的导师。否则，孩子就会受到同伴厌学心理、逃学行为的影响，不但不能提升自身的学习意识，反而还会让自己变得和同伴一样厌恶学习，在学习方面表现得越来越糟糕。

第三章
建立依恋关系，让孩子身心健康地成长

鼓励孩子学会依赖

为了从小培养孩子的独立性，很多父母都采取了错误的方式抚育孩子。例如，面对哭泣的小婴儿，父母故意不马上抱起婴儿，而是想要以让婴儿哭一会儿的方式，让婴儿变得不那么黏人。其实，小婴儿刚刚从妈妈温暖的子宫降临人世不久，他们是很缺乏安全感的，需要每时每刻都与熟悉的妈妈在一起。为此，有心理学家指出，对于婴儿，父母多么宠爱都不为过。因为只有让婴儿获得安全感，他们才能健康地成长，才会拥有平和的情绪。

在其他的亲密关系中，人们的目的都是在一起，而唯独在亲子关系中，父母养育孩子的目的是希望孩子有朝一日能够成为独立的人，能够拥有属于自己的人生，也可以说，父母养育孩子是为了更好地与孩子分离。这固然是正确的教育观，但对孩子进行分离教育时要把握时机。小小的婴幼儿不能与父母分离，因为只有父母可以照顾好他们的饮食起居，满足他们的情感需求。所以父母要做的不是让小婴儿孤独地哭泣，而是即便在婴儿不哭的情况下，也鼓励婴儿依赖父母。婴儿虽然还不会说话，但是他们的理解能力可不差。当看到父母向着他们张开双臂，做出想要抱起他们的动作，他们马上就会高兴地不停扑腾，表达他们欢欣雀跃的心情。这意味着父母已经激活了孩子的依恋本能，所以孩子才会积极地对父母做出回应，表达他们对亲近父母的渴望。有些孩子还没有被激发出依恋本能，他们就不会如此欢喜地期待父母的怀抱，作为父母，如果张开双臂只看到无动于衷的孩子，就要意识到必须激发孩子的依恋本能。

有些父母也许会担心：孩子原本就很黏人，如果再激发他们的依恋本

能，那么他们岂不是会更加黏着父母，让父母片刻也得不到休息吗？在生命的早期，婴幼儿的头等大事就是依恋父母，父母的头等大事则是照顾好孩子，并且以实际行动向孩子传递一个信息：我是你的依靠，我可以为你做好一切事情，我会不惜一切代价地保护你。当孩子相信父母是值得绝对信任的，他们自然就会获得安全感，也会感到非常满足。

作为父母，切勿因为盲目地坚持独立教育的观念，而使自己养育孩子的过程中多了很多障碍。需要注意的是，不仅婴儿应该依赖父母，幼儿、儿童、少年等，同样应该依恋父母。孩子最终的确要走向独立，但不是现在，而是要在心智发展成熟之后，他们才具备能力独立地面对人生中的各种事宜。对于父母而言，如果孩子有任何问题都不会第一时间求助父母，而是求助同龄人，那么就太可怕了。这意味着父母无法在第一时间就了解孩子的状态，也无法及时地给予孩子帮助。记住，我们固然要倡导孩子走向独立，却不要操之过急，否则非但无法使孩子真正独立，还会使孩子依恋不该依恋的同龄人。

现代社会中，很多父母都望子成龙、望女成凤，他们恨不得揠苗助长，让孩子尽快地长大，让他们以最快的速度朝着人生的诸多目标奔去。其实，这不是爱孩子的表现，而是会在无形中把孩子推离我们的身边。父母要知道，孩子有其自身的成长节奏，父母要做的就是尊重孩子的成长节奏，让孩子按部就班地成长，而不要自以为是地缩短孩子成长的进程，使孩子在还没有完全成熟的情况下就面对他们不该面对的事情。这就像是成年男女之间彼此爱慕，只有接受对方才能明确与对方之间的感情，而如果一直在拒绝对方，那么这段感情就会马上终结。在社会交往中，很多父母都表现得乐于助人，即使是面对陌生人，也会慷慨地伸出援手。那么，面对我们至亲至爱的孩子，我们为何要如此吝啬和冷漠呢？

第三章
建立依恋关系，让孩子身心健康地成长

从私心的角度来说，很多父母不希望孩子过度依赖自己，是因为他们发自内心地不希望为孩子承担各种责任。作为孩子的监护人，父母无疑要为孩子的各种行为举止负责。比起让孩子依赖，成年人更愿意被成年人依赖，因为这样父母肩膀上的担子就没有那么沉重了。换个角度来看，我们不由得感慨作为父母真的是太辛苦了，既要照顾好孩子的吃喝拉撒和衣食住行，还要满足孩子的心理需求和情感需求，更要引导孩子走向独立。不过没关系，虽然任重而道远使父母常常感到疲惫，但是父母爱孩子既有理性，也出于本能，所以本能会指引着我们肩负起重任，竭尽所能地当好父母。

要想让孩子走向独立，只是推搡着孩子在成长的道路上狂奔是不可行的。孩子只有真正成熟，才能真正独立。对于父母而言，必须满足孩子的依赖需求，才能让孩子释放本性，主动自发地走向成熟。举个简单的例子，让孩子成熟就像是让孩子长高。没有父母为了让孩子长高，就每天都提溜着孩子的脑袋往上拔起，相反，父母会变着花样地给孩子做好吃的，让孩子摄入充足的营养，还会督促孩子按时睡觉，让孩子获得充足的睡眠。吃饱喝足睡得香，孩子就会噌噌地长高。让孩子变得成熟，也是这个道理。只靠着嘴巴喋喋不休地劝说孩子要"懂事"，孩子是不会成熟的，必须满足孩子为了成熟而产生的需求，孩子才会真正成熟。

在自然界里，四季的更迭很有规律。例如，冬去春来。没有人能够因为喜欢冬天的银装素裹就拒绝春天的春暖花开。即便父母不那么盼望着孩子尽快成熟，而是更喜欢眼前的小糯米团子，孩子也依然会不可阻挡地长大。既然不管我们的想法如何，孩子总是会长大，那么我们又何必急于一时呢？不如就利用孩子还小，还很依赖父母，与孩子建立依恋关系，为将来的亲子相处和家庭教育夯实基础吧！

孩子一天天长大，转眼之间就到了上幼儿园的年纪。很多孩子都会有不

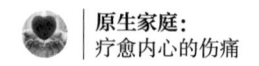

同程度的分离焦虑，他们害怕离开父母身边，恨不得死死抓住父母的衣角，让父母始终停留在他们的视线里。对待孩子的初次分别，父母切勿以突然消失的方式让孩子陷入恐慌。其实在孩子入园之前，父母就可以做一些准备，如短暂地离开家，再回到家里，这样孩子就会知道父母只是暂时离开，而并非永远消失。孩子走向独立是一个循序渐进的过程，不管是父母还是孩子都不要心急，而是要耐下心来一起去迎接分离，一起接受分离。只有实现了从依赖到独立的转换，孩子才能真正地独立生存。如果没有依赖，孩子并不会真正独立，而只是会陷入孤独，有些孩子会因为太久没有得到父母爱的滋养，而变得越来越冷酷。也有些孩子转而去依恋其他人，这些人未必都和父母一样爱孩子，也未必都能给予孩子正向的引导和帮助，这就会使孩子陷入歧途。所以父母要当好孩子的守护者和监护人，也要坚定不移地陪伴孩子成长。

第三章
建立依恋关系，让孩子身心健康地成长

让孩子回归温暖的家庭

我们不得不遗憾地承认，有些孩子因为成长过程中的各种原因的确已经变成了问题孩子，他们没有依恋的对象，没有与应该依恋的人之间建立起依恋关系，已经彻底地迷失了，变得连自己都不认识自己。对于这种情况，父母无疑是痛心的，也有些父母为了避免孩子在错误的道路上越走越远，会采取一些严厉的措施惩罚孩子，甚至会暂时把孩子关在特定的空间里，也有些火暴脾气的父母会因此而打骂孩子。不得不说，这些举措对于问题孩子都没有什么效果，反而会导致事与愿违。还有的父母会求助于现代社会中乱七八糟的机构，试图让他们来帮助孩子重回正轨。试问，如果作为最爱孩子的父母都没有办法把孩子召唤回来，那些冷冰冰的机构又怎么会有如此强大的能力呢？

面对棘手的局面，父母的确很容易失去信心，陷入绝望，毕竟父母也是人，而且是对孩子怀有殷切希望的人，不是无所不能的神仙。常言道，希望越大，失望也就越大。父母对待孩子正是如此，他们对孩子的希望多么强烈，他们对孩子的失望就有多么强烈。然而，每一位父母都要管控好自己的情绪，而且不能因为任何理由就放弃管教孩子。管教孩子，既是父母的义务，也是父母不可推卸的责任。从孩子出生那一刻开始，父母就注定了要为孩子的一切负责。

那些为孩子操碎了心的父母，为了召唤孩子回到他们的身边，为了召唤孩子回到温暖的家里，真是煞费苦心。其实，孩子的身体是容易控制的。例如，父母很容易就能开展地毯式搜索，把孩子从网吧里揪回家。但是，孩子

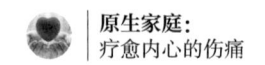

的心灵是自由的，父母必须让孩子真心地想要回家，才能实现把孩子召唤回家的目的。要做到这一点，父母必须赢得孩子的依赖，重获孩子的信任。如果孩子既不信任父母，也不愿意依赖父母，那么他们就会对父母的召唤无动于衷。

面对铁石心肠的孩子，父母往往会感到难以置信，他们不知道曾经乖巧可爱的孩子到底去了哪里，也不知道孩子为何如此冷漠绝情。这又回到了我们前文的阐述，孩子需要被看见，而父母则有责任看到孩子内心深处不为人知的痛苦，也要意识到孩子在情感上有着巨大的空洞。如果父母不能以爱填满孩子的内心，不能以温暖消除孩子内心的痛苦，孩子是不会心甘情愿跟着父母回家的。

需要注意的是，很多孩子也没有意识到自身的痛苦，他们只是在痛苦的驱使下做出各种反常的举动。父母有义务洞察孩子的内心，感受孩子的痛苦，要相信孩子不管处于怎样的状态中都是需要我们的。我们要怀着这样的心态与孩子建立感情联结，我们要相信精诚所至金石为开，我们才能始终如一地关爱和温暖孩子。不要在被孩子拒绝之后就疏远孩子，实际上，孩子在拒绝父母的行为背后隐藏着渴望亲近父母的真心，他们渴望得到父母的关爱与呵护，他们渴望和其他孩子一样在父母面前肆无忌惮地撒娇。

父母要想继续教养孩子，就必须让孩子回家。只有在家里，孩子才能成长，只有在家里，孩子才会接受父母的教养。有些孩子因为诸多原因从小就与父母分离，或者是作为留守儿童被放在家里，或者是被送到寄宿学校或者亲戚家里，这使得他们缺乏与父母亲近的机会。父母千万不要觉得把孩子送出家门就万事大吉了，而是要牢牢抓紧孩子的手，引导孩子从稚嫩走向成熟，从依赖走向独立。也有些父母因为各种原因错过了孩子的成长，使孩子出现这样或者那样的问题，没关系，虽然你会觉得遗憾，但是你也应该感到庆幸，因为你还是有机会弥补的。这是因为孩子不管多大了，都可以与深爱他们的成年人建立依恋关系，也可以由此重新走上成熟之路。

在依恋关系中，不仅孩子在成长，作为成年人的父母同样在成长。要想成功地建立亲子关系，不管面对多么大的孩子，父母的关注重点都要发生转移，既不要再一味地盯着孩子的行为，更不要试图改变孩子的行为，而是要把关注的重点放在与孩子之间的关系上，要致力于培养依恋的亲子关系。当父母修复了亲子关系，成为孩子依恋的对象，就会很容易引导孩子改正错误的行为。例如，面对青春期的孩子，有些父母意识到不能打骂孩子了，否则会激发孩子的逆反心理，这是父母的进步。但是他们却会采取禁足等方式禁止孩子接触同伴，这么做的后果是孩子更加渴望接触同伴。所以只是禁足远远不够，父母要利用禁足所产生的孩子对同伴的依恋空缺，修复与孩子之间的关系，重新建立与孩子之间的依恋。换言之，父母要借此机会拉近与孩子的距离，和孩子一起做一些有趣的游戏，或者陪伴孩子去旅行等，这样就相当于对孩子发出依恋邀请，孩子就会更加亲近父母。总而言之，禁足是父母与孩子建立关系的良好机会，父母必须抓住这个机会，重新获得孩子的依恋。否则，禁足就是毫无意义的，甚至会起到相反的作用。

在孩子没有真正成熟之前，父母并没有完成教养工作。很多父母认为只要孩子到了十八岁，就可以把孩子推出家门，这对孩子而言是不公平的。尤其是很多父母都溺爱孩子，无限度地满足孩子，使孩子过于依赖父母，心智不成熟，也缺乏独立性，所以孩子怎么可能以十八岁为界在一夜之间就真正成熟了呢？无论如何，父母都要对孩子的成长负责，都要引导孩子走向成熟和独立，才算是彻底完成了教养任务。

第四章
网络时代,孩子更需要充满爱与自由的成长环境

随着网络的普及,很多父母与孩子之间的相处模式改变了。父母成为了不折不扣的低头族,常常盯着手机一看就是半天;孩子则沉迷于网络游戏,在充满血腥和暴力的游戏环境中度过虚幻的人生。不得不说,这样的现状对于孩子与父母都是极其不友善的,父母必须意识到"相安无事"的假象中蕴含的重重危机,才能及时从网络中抽身,更多地陪伴和关爱孩子,为孩子营造充满爱与自由的环境。

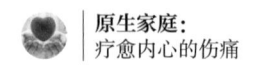

无条件地接纳孩子本来的样子

迄今为止，绝大多数父母都没有意识到，在教养关系中不管出现了怎样的问题，其本质都是关系的问题。作为父母，只有把关系放在第一位，才能有效地解决亲子问题和教养问题。如果父母只盯着孩子的行为和所出现的问题，那么就犯了头疼医头、脚疼医脚的错误，只能被各种问题牵着鼻子走，非但不能起到效果，还会感到身心疲惫，充满无力感。

每当孩子不听话、不领情、不配合的时候，父母都会感到委屈，因为他们觉得教养孩子纯粹是出力不讨好，反而还落下了孩子的各种埋怨。父母所不知道的是，孩子也往往感到委屈，这是因为他们释放出各种信号想要得到父母的关注与呵护时，父母却对此浑然不知，除了指责和惩罚他们，别的什么都不愿意做。就这样，父母与孩子之间产生了误解，亲子关系也渐渐疏离，最终父母与孩子渐行渐远。

为何会出现这样的情况呢？这是因为许多父母都没有无条件接纳孩子本来的样子，相反，他们以自己辛苦养育孩子为借口，对孩子提出各种要求，甚至奢望孩子成为他们所期望的孩子。父母这样的态度只会让孩子敏感地意识到，父母对他们的爱是有条件的。不得不说，父母的确冤枉，因为大部分父母都是无条件爱孩子的，只是他们的表现使孩子对他们产生了误解而已。要想避免这样的情况出现，父母就要始终牢记在教养中，接纳的重要性。

小长假到来，爸爸妈妈按照计划要带着小豆去旅行。为了赶行程，他们决定在假期第一天清晨就出发。然而，小豆根本不想起床，他很困倦，带着浓重的睡意表达不满："这是放假，为什么比上学的日子起得还要早呢？"

第四章
网络时代，孩子更需要充满爱与自由的成长环境

妈妈耐心地把原因告诉小豆，然而，小豆一直闭着眼睛强行留住美梦，压根没听见妈妈在说什么。爸爸失去了耐心，冲上来掀开小豆的被子，大声说道："小豆，如果你再不起床，我和妈妈就走了，你必须独自留在家里。"也许是爸爸的恐吓起了作用，小豆满脸委屈、极不情愿地起床了。但是他动作很慢，磨磨蹭蹭。为此，爸爸只好继续给小豆下达最后通牒，严厉地说道："小豆，我和妈妈只等你十分钟，否则就赶不上飞机了。"小豆终于忍不住哭起来，他哭哭啼啼没完没了，爸爸只好把没有刷牙洗脸的小豆强行抱到车上，奔赴机场。

经历了这个过程，小豆会怎么想呢？他很有可能忐忑不安：如果我不起床，爸爸妈妈就不要我了；如果我不加快速度，爸爸妈妈就不喜欢我了。他所有的好心情都被破坏了，觉得自己就是爸爸妈妈的累赘，根本不受爸爸妈妈的欢迎。这样的感觉糟糕透顶。作为父母，要看到小豆在假期第一天的需求是睡到自然醒，然后开开心心地去旅行。如果只是为了争取多两个小时游玩时间，却破坏了孩子的心情，显然是本末倒置的，也是得不偿失的。

有一些父母会无视孩子的需求，他们自以为高明地安排好一切，而把孩子当成是自己整个行程里的一颗棋子，随意摆弄孩子。这就激发了亲子矛盾，也会破坏亲子关系。难道即使时间紧迫，父母也不能催促孩子吗？当然不是。例如，小豆妈妈无须向小豆解释早起的原因，而是可以向小豆描绘美好的旅程，在小豆耳边轻声地说："亲爱的宝贝，该起床啦，海南岛的蓝天、白云、大海和沙滩在等着我们呢！你不是想捉小鱼小虾吗？妈妈已经为了准备了全套的捕捞工具，你还可以在沙滩上堆城堡。对了，我有个好主意，我们一起用沙子把爸爸的身体埋住，好吗？这样爸爸就只有头露在沙滩上……"相信当妈妈这么说的时候，小豆一定会马上起床，心情愉悦地穿衣洗漱，迫不及待地催着爸爸妈妈赶快启程。

面对孩子同样的行为，父母看到的是行为还是关系，影响了父母以怎样的方式打动孩子，也决定了将会有怎样的结果。作为父母，有责任也有义务无条件地接受孩子的需求，而且要首先与孩子建立非常稳固的依恋关系，这样才能牢牢地抓住孩子，也才能让孩子主动地顺从父母。当父母真的抓牢孩子，孩子反过来也会抓牢父母。作为父母，还要非常珍惜亲子关系。很多父母都缺乏情绪控制力，在情绪冲动的时候总是不顾后果地吼孩子，这样就使孩子也情绪失控，说话和行事不计后果，最终父母与孩子在"共同努力"之下破坏了亲子关系。有的时候，父母与孩子之间并没有什么严重的情况发生，而只是因为一件小小的事情就引发了很严重的后果，使得局面不可收拾，主要责任就在于父母没有控制好情绪，没有掌握事态的发展和变化。

不管在什么情况下，父母都要传达给孩子一个明确的信息：爸爸妈妈很爱你，你很重要，你是不可取代的。切勿动辄就否定孩子，使孩子自我否定，也没有信心得到爸爸妈妈的喜爱，这样孩子就会感到极不安全。父母只有关注依恋关系，重视依恋关系，才会始终坚持关注孩子本身，也真正做到无条件地接纳孩子本来的样子，而不因为任何事情改变对于孩子的爱与接纳。在父母给予的爱与自由中，孩子才能身心愉悦地成长，才能始终感受到安全，感受到温暖。

第四章
网络时代，孩子更需要充满爱与自由的成长环境

满足孩子的依恋需求

因为依恋关系不同，父母与孩子的关系会变得不同。有些孩子希望得到父母的重视，必须在感受到父母重视的情况下，才愿意亲近父母，因为如果父母忙得无暇关注孩子，孩子就会感到很孤独，也会因此而觉得自己不被父母重视；有些孩子视忠诚为依恋的基础，一旦遭到父母的反对，他们就会误以为父母在疏远他们，变得紧张焦虑；有些孩子注重感官依恋，一旦不能与父母亲密相处，进行身体接触，他们就会产生分离感；有的孩子认为必须得到理解和尊重才能维系与父母之间的亲密关系，所以他们很难忍受父母的误解；有的孩子在心理上依恋父母，他们渴望从父母那里得到爱与温暖，否则就会觉得自己受到冷落，会与父母产生疏离感……因此，父母要了解孩子的依恋属于哪一种类型，才能有效地拉近自己与孩子之间的关系，维系好与孩子之间的感情，从而始终紧密地团结孩子，而不给任何人趁虚而入取代自己的机会。

此外，在和孩子相处的过程中，最好不要触发孩子的依恋敏感，使孩子感受到不安、紧张等情绪。既然父母的职责之一就是满足孩子的精神和情感需求，与孩子建立依恋关系，那么最好不要轻易地人为给自己设置障碍。不要担心满足孩子对于依恋的特别需求会惯坏孩子，因为一旦建立了稳固的依恋关系，父母就可以水到渠成地教养孩子。

乐乐的民主意识特别强，这也许与父母从小就注重培养乐乐人格独立，在家里倡导民主和平等有关。不过，有的时候，乐乐的民主意识强到连爸爸妈妈都觉得无法理解，更难以适应了。

近段时间，爸爸妈妈动了换房的心思，他们想卖掉正在居住的房子，为乐乐购买一套初中学区房。毕竟乐乐已经读四年级了，很快就会用到学区房。其实，他们目前居住的地方也有初中，只是并非重点初中而已。为此，他们去二手房经纪公司登记了自家房源之后，就开始利用周末等休息时间看房了。这个周末，爸爸妈妈听到二手房经纪人说有一套房子特别符合他们的需求，不但是重点初中的学区房，而且装修很好，楼层完美，最重要的是价格也公道，所以他们决定早点儿去看房，以免错过了心仪的房子。

看到爸爸妈妈一大早就要出门，乐乐纳闷地问："爸爸妈妈，你们神秘兮兮地要去做什么？"爸爸回答道："我们去看房，你乖乖在家。""看房？"乐乐充满疑惑地重复爸爸的话，继续追问，"看什么房？"妈妈笑着说："我们要把这套房子卖掉，给你买一套初中的学区房。"乐乐脸色陡然变了，质问爸爸妈妈："你们从未和我提起过这件事情，你们征求过我的意见吗？"爸爸忍不住笑起来，说："你既不跟着出钱，又不跟着出力，我们为什么要和你商量呢？你只要等着搬家，上重点初中，就行了。"不想，乐乐当即满脸严肃地说："我正式告诉你们，我就想上家门口的初中，不想上什么重点初中。而且，我也不想搬家，我喜欢住在这里。"乐乐的话就像一盆凉水泼到爸爸妈妈的头上，把他们看房的热情都给浇灭了。

妈妈意识到乐乐并非真的不愿意搬家，也不愿意上重点初中，而只是不满父母没有把要换房的事情提早告诉他，和他商议，因而赶紧补救。妈妈取消了看房安排，非常正式地和乐乐解释了换房的想法。最终，乐乐终于意识到爸爸妈妈很看重他的意见，换房也是为了他能上更好的初中，这才接受了爸爸妈妈的安排。

其实，如果爸爸妈妈在开始筹备换房这件事情之前就先和乐乐打招呼，和乐乐商量，那么乐乐就不会反对换房。与其说乐乐是在反对换房，不如说乐乐是在抗议爸爸妈妈不看重他，不在乎他的意见。妈妈敏感地觉察到问题的根源所在，所以才能及时补救，也才能最终让乐乐愿意表示支持。

对于有不同依恋需求的孩子，父母要以满足孩子依恋需求的方式，和孩子之间建立稳固的依恋关系，让孩子乐于采纳父母的意见，也支持父母所做出的安排。否则，一旦孩子对父母产生误解，再想修复关系就会大费周折。父母生养了孩子，抚育孩子成长，只要多多用心地对待孩子，观察孩子的言语和行为，就能加深对孩子的了解，也才能知道孩子内心深处的所思所想。这样才能迎合孩子的心理倾向，满足孩子的心理需求，更好地与孩子相处。

有些孩子会直接表达自己的依恋需求，例如，他们会主动亲近父母，与父母进行身体接触，而有些孩子则会以隐晦的方式表达自己的需求，例如，对父母的建议很抗拒、反对父母的决策等。父母不要只看到孩子的行为表现，而是要透过孩子的行为，看到孩子更深层次的心理需求，这样才能有针对性地满足孩子的内心，从而水到渠成地解决孩子的行为问题。总之，一切的行为根源都在于关系，父母唯有与孩子建立良好的关系，保持稳固的依恋关系，才能顺利地教养孩子。

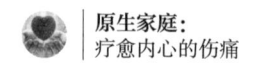

物理距离不应阻隔心灵

孩子获得亲密感的主要方式是通过感官,如果父母不能与孩子朝夕相处,不能随时随地亲近孩子,就会在维系关系的时候面临很大的困难。尤其是在父母长期缺席孩子的成长时,孩子因为情感空缺就会转而依恋同伴。与父母分开的时间越长,也就越是意味着孩子很难再与父母像以前那样亲密无间,也就很难再继续把父母视为自己重要的亲密对象。因此,孩子渐渐地疏远父母,对父母非常冷漠。有些孩子在上了一天的学之后,回到家里甚至不爱搭理父母。面对孩子如此的表现,父母往往感到非常遗憾,也很无奈。那么,父母如何才能消除物理距离带来的隔阂,始终与孩子保持亲密无间的关系呢?其实,父母可以借鉴异地恋的技巧,想象一下那些相距遥远的恋人是如何保持爱情温度的,那么就一定会有所启发。

所有异地却依然能够保持感情温度的情侣,他们都有一个共同点,即他们都愿意为了维系亲密关系而共同努力。显而易见,父母与孩子之间的关系和异地情侣之间的关系还是有所不同的,在亲子相处的过程中,父母应更多地承担起维系亲密关系的重任。

通常情况下,父母与孩子分离的原因很多,例如,孩子要去更远的地方上学,父母要去更远的地方上班,或者即使父母和孩子一起生活,却因为工作忙碌而很少有时间和孩子相处。不管出于什么原因与孩子分离,父母都要想方设法地消除物理距离带来的疏离感,而始终保持与孩子的心灵联结和感情共鸣。例如,现代通信手段这么发达,父母要坚持每天都和孩子视频通话,或者给孩子发微信等。这样既可以看到孩子,也可以和孩子进行沟通。

第四章
网络时代，孩子更需要充满爱与自由的成长环境

父母可以送给孩子一些有特殊意义的礼物，如有照片的项链等，这样孩子每当看到父母赠予的礼物时，就会觉得父母在自己的身边。父母还可以给孩子写信。《傅雷家书》就是傅雷写给孩子的信，信中既表达了对孩子的关爱，也告诉孩子人生的道理。需要注意的是，写信最好以手写的方式，这样可以让孩子看到父母的笔迹，所谓见字如面就是这个道理。实际上，父母只要有意识地与孩子保持联系，就可以想出各种各样的办法。每当逢年过节的时候，虽然工厂里有三倍加班费，但在外打工的父母也应该赶回家里和孩子一起过节，这样节日的气氛才会更加浓郁，也让孩子知道父母对他们的重视。等到孩子寒暑假的时候，父母还可以把孩子接到自己的身边，和自己一起生活。在朝夕相处之中，孩子目睹父母工作多么辛苦，也就谅解了父母不能和自己一起生活的难处，而且会加深与父母之间的感情。

从出生到一岁，安安都和妈妈一起生活。但自从安安一岁断奶之后，妈妈就离开了家，去爸爸所在的工厂打工，和爸爸一起生活了。所以在年幼的时候，安安甚至对于妈妈没有什么印象。随着不断成长，安安渐渐感到疑惑，时常会询问奶奶："奶奶，为何别的小朋友都有爸爸妈妈，我却没有呢？"奶奶心疼地向安安解释："安安，你当然也有爸爸妈妈，只是你的爸爸妈妈在外地打工，要到过节过年的时候才会回来呢！"安安歪着小脑袋想了想，恍然大悟："我明白了，那个帮我买漂亮裙子的女人，就是我的妈妈！"奶奶被安安的话逗得笑起来，说："没错，那个带你去游乐场玩的男人，就是你的爸爸。"后来，奶奶提醒安安的爸爸妈妈，说道："孩子越来越大了，也会想念你们，却想不起你们的样子。我觉得买个智能手机吧，这样你们每天就可以和孩子视频了。"在奶奶的提醒下，爸爸妈妈恍然大悟，赶紧购买了智能手机邮寄给奶奶，还拜托村里的朋友教会奶奶如何使用。

当天晚上，奶奶就接到了爸爸妈妈的视频电话。安安还很认生呢，不愿

意和爸爸妈妈视频通话。直到几天之后，安安看到奶奶和爸爸妈妈聊天，非常好奇，这才情不自禁地凑过去。妈妈看到安安，感慨地说道："安安长大了，长成大姑娘了，妈妈给你买双小皮鞋，你想要什么颜色的？"小姑娘总是爱美的，安安当即毫不迟疑地回答道："我想要红色的。"很快，安安就收到了妈妈寄来的红皮鞋，还带着蝴蝶结呢。每当小朋友羡慕安安有红皮鞋的时候，安安总是挺起胸脯，自豪地说："这是妈妈给我买的！"就这样，安安终于认识了爸爸妈妈，还特别想念爸爸妈妈呢！

每个孩子都渴望得到父母的关爱和照顾，哪怕是小小的婴儿也是如此。对于那些不能和孩子一起生活的父母而言，更是要想方设法，避免因为物理距离的遥远就疏远孩子。如今，有很多方法可以让父母即便身在千里之外也能见到孩子，和孩子交流，还可以给孩子买各种礼物。最重要的是，父母要意识到自己不在孩子身边造成了对孩子的亏欠，也要主动地弥补孩子的情感缺失。俗话说，世上无难事，只怕有心人，正是这个道理。

此外，要想和孩子始终保持联系，就要让孩子知道父母身在何处。例如，有些孩子从来不知道父母工作的地方是怎样的，甚至无法想象父母的生活，那么就可以有意识地把孩子带去父母工作的地方，让孩子了解父母的工作环境，熟悉孩子的工作内容。这样，孩子就会消除对父母的陌生感，也会感觉自己距离父母更近了。

除了上述这些方法之外，父母还可以委托身边的人给孩子带去问候，更可以让负责照顾孩子的人常常和孩子说起父母。有些爷爷奶奶在养育孩子的过程中从来不提起孩子的父母，渐渐地孩子就会依恋爷爷奶奶，从而中断与父母的情感联结。这对于孩子的成长是极其不利的，爷爷奶奶要改变教育孩子的方式，父母也要多刷"存在感"。

第四章
网络时代，孩子更需要充满爱与自由的成长环境

亲密感使亲子相处更安全

为何要让孩子亲近父母呢？这是因为父母需要与孩子亲密无间，建立亲密感。亲子之间的这种亲密感是任何其他感情都无法取代的，正是因为如此，孩子才会渴望靠近父母，愿意听从父母的教诲，接受父母的管教，也才会在遇到各种情况的时候第一时间向父母求助。那些与父母亲密相处的孩子，更加具有安全感；反之，那些与父母关系疏离的孩子，往往缺乏安全感，很容易陷入紧张焦虑的状态中。

那么，如何才能建立亲密感呢？虽然孩子是由妈妈怀胎十月才降临人世的，虽然孩子与爸爸之间有着极其亲近的血缘关系，但是孩子并不会完全凭着天性亲近父母。有些孩子从小就由其他长辈抚养长大，因而与抚养他们的长辈感情更加深厚，关系更加亲密，这就证明了孩子与成人之间的亲密感是要后天培养的。建立亲密感的关键，在于引导孩子对父母吐露心声。很多父母都对孩子的沉默感到无计可施，他们发现孩子小时候虽然很爱说话，很喜欢把一切事情都告诉父母，但是随着他们渐渐长大，却变得越来越沉默，也不愿意对父母知无不言了。这是为什么呢？一是因为孩子长大了，有了自己的小心思，二是父母与孩子的关系疏远了，孩子不愿意再像以前那样亲近父母。为了改变这样的局面，父母要发挥主导作用，以各种方式亲近孩子，例如，和孩子一起玩游戏、和孩子一起去郊游、和孩子一起做事情。在从事这些使人放松的活动时，孩子才会自然而然地敞开心扉，对父母说出心里话。所以父母要积极主动地创造这样的机会，也让孩子更加想向父母倾诉。

每天晚上九点半，是孩子洗漱之后上床的时间，妈妈这才感到放松，

也终于有了一点儿属于自己的时间。为此，妈妈会选择看书，或者是看看喜欢的美食视频。但是有一天晚上，妈妈刚刚打开书，艾薇就跑到妈妈的房间里，钻入妈妈的被窝，问道："妈妈，我可以躺在你身边十分钟吗？"妈妈几乎不假思索就想要拒绝，但是她转念一想："女儿想要亲近我，我不能拒绝。"为此，她微笑着点点头，对艾薇表示欢迎。

艾薇钻进妈妈温暖的被窝，说："妈妈，被窝里都是你的味道，香香的。"妈妈伸出一只胳膊让艾薇枕着，把艾薇揽入怀里，把脸埋在艾薇又长又浓密的头发里，深呼吸一口，说："你比妈妈更香，你是个香宝贝！"艾薇开心地笑了起来。在和妈妈腻歪的时候，艾薇自然而然地说起自己在学校里发生的很多事情，也告诉了妈妈自己的小小烦恼。妈妈很惊讶艾薇看似话少，内心的情感却这么细腻丰富。后来，艾薇每天晚上都会在九点半去妈妈的被窝里，和妈妈拥抱在一起。妈妈呢，很愿意减少一会儿自己的私人时间，用来这样深度地陪伴艾薇。

在这个事例中，妈妈做得很好，她没有急于看书，或者急于浏览手机，而是抓住这样的十分钟与艾薇之间建立了亲密无间的关系。这就像是属于她们的小秘密。现实生活中，很多妈妈辛苦劳累了一天，每当夜幕降临的时候，恨不得孩子赶紧洗漱睡觉，这样才能安心地过片刻独属于自己的美好时光。殊不知，维护与孩子之间的亲密关系是很重要的，每当有这样的机会时一定要牢牢抓住。尤其是在孩子表现出想要亲近父母的举动时，父母更是不能拒绝。也许有一天，孩子长大了，更加独立自主，也不想再像小时候那样黏着爸爸妈妈了，他们会再回忆起小时候很多美好温馨的瞬间。

有些孩子的自我保护意识特别强，他们生怕泄露任何信息导致自己受到父母的批评和否定，为此他们会选择向父母关闭心扉。对于这样的孩子，父母要多多鼓励他们分享，引导他们说出真心话，关键在于父母不要轻易否定

第四章
网络时代，孩子更需要充满爱与自由的成长环境

和指责孩子，而是要成为孩子的忠实听众，也要真正做到就像对待朋友那样对待孩子。虽然让孩子从关闭心扉到敞开心门很难，但是父母只要用心，总还是能做到的。

首先，父母要特别真诚。有些父母对待孩子不够真诚，他们会采取各种方式试图哄骗孩子说出心里话，孩子一旦上当受骗，并且因此遭到父母的批评，就会马上把警惕等级提高到最高水平，避免自己再次对父母敞开心扉。

其次，父母要致力于与孩子建立联系，而不要动辄批评和否定孩子。每个孩子都喜欢得到认可和鼓励，而不愿意被全盘否定。偏偏很多父母都喜欢对孩子指手画脚，这使孩子们畏惧和父母沟通。只有与孩子之间建立起联系，父母才能更顺利地教养孩子。

再次，营造单独相处的时光。如果生活在大家庭里，爷爷奶奶等长辈特别疼爱孩子，使父母无法对孩子进行管教，那么就要找机会与孩子单独相处，与孩子之间建立亲密关系。这样在大家庭里，孩子才会更加依恋父母。

最后，向孩子吐露心声，和孩子拥有共同秘密。很多父母都喜欢在孩子面前摆出一副高高在上的模样，生怕降低他们的教养权威。其实，教养权威可不是凭着地位决定的，而是要由父母和孩子之间是否建立依恋关系决定。父母必须先拉近与孩子之间的关系，才能在孩子心目中变得不可取代，变得非常重要。有的时候，把自己曾经的糗事讲给孩子听，可以有效地拉近与孩子之间的关系，让孩子意识到原来爸爸妈妈在小时候也会做出糗事。父母还可以和孩子做一些只有彼此知道的事情，这样就会拥有共同的秘密，自然也就拥有心照不宣的亲密感。

对待孩子，父母固然可以以教养的权威对孩子下达命令，甚至在孩子不愿意的情况下强求孩子去做一些事情。但是，这么做并不能起到良好的教养效果。唯有与孩子建立亲密关系，成为孩子心目中任何人都不可取代的重要人物，父母才能得到孩子的依恋，让教养水到渠成。

尊重孩子，保持安全距离

得到孩子的依恋非常重要，因此很多父母就会想方设法地亲近孩子，甚至违背孩子的意愿，强行与孩子零距离接触。这么做的父母会在不知不觉间陷入误区，觉得孩子是自己生的，自己养的，自己就有权力对孩子进行控制。不得不说，这是父母对教养的误解。事实告诉我们，孩子尽管因为父母的存在才能来到这个世界上，他们却是独立的生命个体，既不是父母的附属品，也不是父母的私有物。父母只有发自内心地尊重和平等对待孩子，才能给孩子营造更好的成长环境，也才能与孩子之间建立正常的亲子关系。在建立正常关系的基础上，再与孩子建立依恋关系，孩子就会主动亲近父母。

作为父母，每当看到自己辛辛苦苦养育的孩子不愿意亲近自己，甚至故意与自己对着干的时候，内心的崩溃和抓狂可想而知。然而，为何会形成这样的局面呢？要知道，孩子在成长的过程中独立意识得到了发展，他们不愿意再对父母言听计从，而是想要离开父母的身边，成为独立的生命个体。在这种情况下，孩子想要对立的意愿与父母想要操控孩子的意愿之间形成矛盾，也就导致了亲子冲突。

如果父母不再自以为是，不再做不应该对孩子做出的举动，不再强迫孩子做一些事情，也不再强行亲近孩子，那么父母与孩子的关系就不会那么剑拔弩张。父母固然要抓紧孩子，但不要试图塑造孩子的行为。要想让孩子主动改变，就要唤醒孩子内心深处的依恋本能，让孩子主动自发地亲近父母，依恋父母。否则，一旦孩子跟着自己的直觉与父母渐行渐远，父母即使再怎么努力，也无法强留孩子。换言之，应该让孩子认识到，依赖父母才是他们

第四章
网络时代，孩子更需要充满爱与自由的成长环境

应该做出的选择。要想达到这个目的，父母就要有意识地引导孩子形成对父母的依恋，而不是任由孩子形成随便对某个人的依恋。

具体来说，父母需要制订教养计划。需要注意的是，教养计划无须完美，而是要以父母现有的权威为基础。父母采取积极有效的措施去做一些补救，一则可以避免孩子越走越远，二则可以让孩子回家，回到父母的身边。父母还要意识到，让孩子远离父母的未必是隔代养育的爷爷奶奶、姥姥姥爷，也未必是学校里的老师和同学，还有可能是电子产品，如电视、电脑和手机等。有的时候，孩子还会因为沉迷于某项课外活动，而把关注的重心从父母身上转移到课外活动上，所以父母要考虑到有可能让孩子形成依恋的各种人和事物，才能有效地拉近自己与孩子的距离。

需要注意的是，如果孩子已经对同伴产生了依恋，而且以同伴为导向，那么父母切勿强行把孩子从他们同伴身边拉回到自己身边，也不要一厢情愿地对孩子执行教养计划，进行各种约束，否则只会激发孩子的逆反心理，使孩子更加与父母对着干，导致更深地伤害亲子关系。

不管父母现在与孩子之间的关系是怎样的，制订教养计划都要以现实为基础，既考虑到父母的教养权威，也考虑到孩子的情感依赖。这样才能做到有的放矢地应对不同的情况，从而避免在依恋权威之外去限制孩子。为了避免事与愿违，父母最好未雨绸缪，趁着自己对孩子还有很高的教养权威，就及时地制订教养计划，并且坚定地执行计划。在制订教养计划的过程中，一定不要忽略了制订增进亲子关系的计划，如举行一些全家总动员的活动，和孩子一起参与游戏，和孩子一起去度假等。在很多家庭里，也许没有条件去旅游度假，那么至少可以维持一项家庭传统，即全家人一起吃饭。说起吃饭，很多父母不理解，认为吃饭无非是为了填饱肚子，与和孩子拉近关系有什么关联呢？父母要知道，一般情况下，联络感情和吃饭是共生的。这是因

为在吃饭的时候，大多数人会因为进食而感到心情愉悦，也感到非常安全。在餐桌上轻松愉快的氛围中，食物打开了每个人的心扉，父母恰巧可以借此机会与孩子坦诚相见，真心相待。同时，在依恋环境中，人的消化功能会更好，所以对父母的依恋又会反过来激发孩子的食欲，让孩子更愿意享受美食。用时下流行的一句话来说，吃什么并不重要，和谁一起吃才最重要。基于这一点，父母导向的孩子更愿意和父母一起吃饭，而同伴导向的孩子则不愿意接受父母喂饭，也不愿意和父母一起吃饭。当然，吃饭只是交流的好时机，真正重要的是餐桌上的交流内容。在吃饭的同时，父母可以自然而然地和孩子交流，借此机会和孩子联络感情，并且向孩子发出依恋的邀请。在气氛愉快的餐桌上，父母既可以享受和孩子共处的美好时光，也可以看到孩子的脸上绽放笑容，做出更愿意亲近父母的行为。

除此之外，在维持关系和联络感情方面，家庭教养计划也起到了特别重要的作用。在策划亲子活动的时候，父母要始终牢记自己的初心，即培养与孩子的亲子关系。所以最好不要策划那些很多人一起参加的活动，而是要策划与孩子单独相处的活动。这样的活动无须太过复杂和正式，而是可以轻松随意。例如，可以和孩子一起散步，陪伴孩子一起玩游戏，和孩子一起包饺子，陪伴孩子一起读书，或者是给年纪比较小的孩子讲睡前故事等。这些活动都只属于孩子和父母，也让父母在无形中战胜了孩子的同伴，吸引了孩子更多的关注。有些父母可能工作特别忙碌，因而会担心自己没有足够的时间陪伴孩子。其实没关系，只要是高质量的陪伴，哪怕只有一周一次的频率，也可以起到明显的作用。

第四章
网络时代，孩子更需要充满爱与自由的成长环境

不要让孩子坠入空洞之中

如今，很多孩子都成为空心人。他们仿佛成了学习的机器，只知道学习，而不关注其他事。在这种情况下，如果连学习都学不好，那么他们就会产生深深的挫败感，也会觉得自己一无是处。毫无疑问，孩子会因此而觉得空虚，怀疑自己，不知道如何才能让自己变得充实，获得成就感。作为父母，一定要意识到孩子这样的表现是非常危险的，因为孩子很有可能会迷失自我，感觉生命没有意义。那么，孩子为何会坠入空洞之中，甚至成为空心人呢？必须深入探究这个问题的根本原因，父母才能有效地帮助孩子，带着孩子一起逃离空洞，让孩子重新焕发出生机，也找寻到生命的意义。

随着现代通信技术手段越来越发达，很多孩子都习惯于使用电子设备，甚至在和父母聊天的时候，都不愿意与父母面对面，而是想要躲在电脑屏幕、手机屏幕后面。其实，是当面与父母谈心，还是利用电子设备与父母谈心，给孩子的感受是截然不同的。退一步而言，和使用文字来与父母联系相比，和父母进行语音通话的效果是更好的。因而我们可以给不同的沟通方式排序，以面对面的沟通为最佳，以语音沟通次之，以用文字的方式通过电子设备进行沟通为最次。有心理学家经过研究发现，孩子只有当面与父母沟通，才能尽快缓解紧张的情绪，让自己调整到舒适的状态。为何不同的沟通方式所产生的效果，会迥然相异呢？是因为孩子的需求得到了不同程度的满足。

举例而言，孩子刚刚经历了一场紧张的考试，而且因为在考试过程中遇到了很多难题，所以孩子感到焦头烂额，也很担心自己的考试成绩不佳。

在这种情况下，孩子必然变得很紧张。心理学家经过研究发现，一个人在面对失败或者缺乏信心的情况下，特别希望自己的身边有支持者，也想要确定对方一定会和自己在一起，无论如何都不会离开自己。而与父母面对面地沟通，或者是以语音的方式感受到父母的心意，对于孩子而言是很重要的。在面对面的沟通中，孩子能够看到父母脸上的笑意；在语音沟通中，孩子可以感受到父母的情绪。相比这两种沟通方式，以电子设备发送的文字则显得冷冰冰的，会让孩子很不安、很焦虑。由此可以看出，孩子在遭遇失败或者挫折的时候，会产生亲近父母的需求，这个时候父母一定要满足孩子的需求，以各种方式让孩子感受到父母必然会为他们提供支持，也让孩子确信父母是他们最为坚强的后盾。唯有如此，孩子的心理需求和情感需求才能得到满足，孩子才会知道自己无论如何都有父母的支持，也确定自己随时随地都能投入父母的怀抱之中。因而孩子就会解除警报，缓解紧张和焦虑，从而获得安全感。

从以上的分析中父母可以得出结论，即不要过于依赖通过电子设备和孩子沟通。如果和孩子距离很近，那么最好面对面与孩子沟通；如果与孩子有一定的距离，那么可以用发语音或者打电话的方式与孩子沟通。除非是日常的传递信息，无须特别安慰孩子，才能以文字的方式言简意赅地进行表达。当然，只要条件允许，最好陪伴在孩子的身边，让孩子每时每刻都能感受到父母的爱，都能从父母那里获得满足感与安全感。

前文我们特意阐述过感知脆弱的重要性，要想让孩子感知脆弱，就要先让孩子感受到父母的真诚，接受父母的邀请，也确定自己可以被父母看见。唯有具备感知脆弱的能力，孩子才能保护好自己。每一个孩子都是渴望被了解，渴望得到理解，也希望自己被看见的。在共同生活的过程中，父母要多对孩子露出笑容，要给予孩子眼神和言语的鼓励，也要经常对孩子点头表示

第四章 网络时代，孩子更需要充满爱与自由的成长环境

赞许，而不要总是面若冰霜地对待孩子，也不要总是摇头否定孩子。没有谁能够在持续的打击和否定下依然满怀信心，孩子更是如此。父母不仅要在物质方面慷慨地为孩子提供最好的条件，也要在精神和情感方面慷慨地满足孩子的需求。

数字化时代的亲密是虚假的亲密，因为没有温暖的前奏，人人都迫不及待地直奔主题。这样的快捷感情联络方式或许适用于那些不太熟悉或者关系普通的人之间，却不适用于父母与孩子之间。因为父母与孩子之间需要建立依恋关系，必须以依恋为前提，才能进行更深入的交流和互动。如果因为电脑屏幕、手机屏幕的存在，使依恋变得无所限制，那么这样的依恋也就不再是依恋。很多孩子的警惕心理很强，他们不会直接相信陌生人，也不会对陌生人怀有善意。也可以说，和现实生活相比，网络是冷冰冰的，是缺乏依恋环境的，也是不利于人类交流的。所以很多孩子一旦进入网络环境，就会用自我封闭的方式进行自我防御，他们不想在网络的环境里受伤。要想保证与孩子的沟通是有温度的，那么纵然相隔千里，只要孩子有需要，父母就应该尽可能地来到孩子的身边，给予孩子更多的温柔和爱抚。

亲子陪伴，让网络上的"黄赌毒"无缝可钻

虽然网络不是法外之地，但不可否认的是，网络上犯罪的成本比现实中低很多，所以人们对于自身的约束就会明显减弱。很多人在网络上散布谣言，蛊惑人心，也有人借助于网络交友的机会，实施拐卖、诱骗等犯罪行为。孩子除了因此遭受到伤害之外，还会在网络上沾染"黄赌毒"，使自己误入歧途。对于孩子而言，这同样是非常严重的伤害。

孩子还小，没有形成判断力，也不能权衡利弊。在父母的教导下，他们也许会对坏人敬而远之，但是却未必能够抵御"黄赌毒"等诱惑。毕竟孩子天性好奇，对于未知的事物总是想去探索，也想亲身尝试。然而，有些事情是不能去做的，否则就没有后悔的机会了。那么，父母该怎么做才能保证孩子处于安全的网络环境中呢？很多父母会不假思索地提出安装防火墙等先进技术手段，防止孩子的电脑里出现不良信息。这的确是一个有效的方法，但是却不能做到完全屏蔽那些不良信息。也有些父母会提出禁止孩子上网，使用这样简单粗暴的方式来避免孩子在使用网络的过程中误入歧途。如果孩子很小，那么这样的一刀切方式也许是可行的。但是随着不断长大，孩子接触网络的机会越来越多，做很多事情也离不开网络的辅助，那么就更是需要频繁地使用网络，这样的一刀切方式也就不合时宜了。

其实，我们与其试图通过改变外部环境来净化孩子的心灵，不如从孩子的角度出发去尝试更有效的方法。作为父母，不管是普通人还是了不起的人，都不可能为孩子打造一个全新的世界。既然改变不了外部世界，不如改变孩子，或者说是增强孩子自身的能力，让孩子能够战胜生活中的各种困

难,顺利成长。这就要充实孩子的心灵,让孩子的内心充满积极的正能量,也要满足孩子的精神和情感需求,让孩子依恋父母,而不会沉迷于网络。由此一来,父母才能引导孩子健康地使用网络,适度地使用网络,发挥网络的积极作用。

在很多网络成瘾现象中,除了"黄赌毒"之外,孩子们还会沉迷于打游戏。孩子们正值贪玩的年纪,喜欢玩游戏是正常的。如果孩子只是适度地玩游戏,父母无须干涉。然而,当孩子无限度地沉迷于游戏中时,父母就要警惕了。很多孩子之所以爱玩游戏,是因为他们在现实中感到内心空虚,情感上也出现了巨大的空洞,所以他们就要以玩游戏的方式麻木自己的心灵,假装已经满足了自己。很多孩子正是因为沉迷于这样虚假的满足,才会游戏成瘾,无法戒掉游戏瘾。

在充满血腥和暴力的游戏中,原本孤独无助的孩子有了同生共死的伙伴,且一旦有良好的表现就能及时获得奖励,这一切都让他们非常迷恋,也让他们欲罢不能。但有些孩子长时间玩游戏会导致心理扭曲,他们会模仿游戏中的情节,在现实中霸凌他人。这就会演化为孩子成长过程中的更多严重问题,给孩子的成长带来很多的负面影响。

在虚拟的网络中,还会存在网络霸凌的现象。有些孩子在网络上被霸凌,却无法保护自己;有些孩子在网络中幻想着压制他人,由此满足自己的主导需求。对于霸凌者而言,他们总是迫不及待地想要抓住各种机会攻击弱者,网络游戏恰恰给他们提供了很多这样的机会。正是因为很多沉迷网络的人都有不同程度的心理扭曲,网络上才会滋生出各种有毒的内容。

也许有些父母对此表示质疑:在现实生活中,在没有网络的时代里,也有各种犯罪现象。的确如此。但是,在现实中犯罪的成本很高,所以人们更能约束自己的行为。而在网络世界中则不同,人人都匿名出现在网络世界

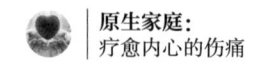

里，而且网络上的任何反馈都是即时的，所以犯罪心理更可能会暴露出来，犯罪行为也会更加频繁地发生。

为了避免孩子在网络上误入歧途，父母一定要多多陪伴孩子，与孩子之间建立依恋关系。唯有以依恋关系为前提，孩子才会听从父母的劝说，有节制地使用网络，也才会按照父母的嘱托，在网络上畅游的时候始终心怀警惕，与那些有不好苗头的人和事情都保持安全距离。

很多父母都为孩子的网瘾而发愁，这是因为他们缺席孩子的成长太久，所以网络才会乘虚而入，成为孩子依恋的对象。不要等到问题发生了再亡羊补牢，而是要在问题还没有真正显现出来之前，就意识到问题有可能发生，也要想方设法地避免问题恶化。父母要始终牢牢地抓紧孩子，而不要让孩子被网络世界抢走。网络世界里，各种各样的信息铺天盖地而来，孩子在对网络形成依恋心理之后，很有可能会因为沉迷网络而拒绝父母的亲近，更不可能会遵从父母的意思远离网络。父母要看到孩子的依恋需求，始终与孩子保持亲密关系，满足孩子的依恋需求，这样孩子才会更加关注现实世界，更加依恋活生生的父母，而不会把所有的注意力都集中在冰冷的网络中。

第四章
网络时代，孩子更需要充满爱与自由的成长环境

网络时代下的新型社交

和传统的交往方式相比，在网络时代下，社交的方式发生了转变。曾经，人们面对陌生人都会感到害羞、窘迫，现在人们都主动地通过网络结交陌生人，而丝毫不担心隐藏在屏幕后面的陌生人是否会心怀歹意。对于孩子而言，如果吃了正餐就已经要撑破肚皮了，他们当然不会在乎饭后甜点。换言之，如果孩子已经和父母建立了依恋关系，非常依恋父母，那么他们就不会再轻易地与他人建立依恋关系，尤其是不会对网上的陌生人产生依恋。当父母让孩子在情感上得到满足，孩子就不会产生依恋饥饿。所以对于父母而言，不要试图阻止孩子与同伴走得太过亲近，也不要禁止孩子在网络上与同学、朋友聊天。与其试图以操控孩子的方式避免问题的产生，不如从自身来想办法，满足孩子的情感需求。这样一来，孩子也许会与同龄人成为朋友，却只把他们当朋友，而不会把他们当成依恋的对象。从这个意义上来说，父母一定要满足孩子的依恋需求，才能避免孩子沉迷电子设备。举例而言，夜幕降临，如果孩子正在与父母一起玩，或者一起观赏电影，那么他们就不会拿起手机联系不在身边的同伴。反之，如果父母人手一个手机，都是低头族，那么孩子就会觉得百无聊赖，也会因为受到父母的负面影响，而情不自禁地拿起手机开始联系自己的同伴。

孩子与父母之间的依恋关系越是稳固，在彼此分离的情况下，孩子就越是会紧紧地抓住父母，试图亲近父母，与父母保持密切联系。反之，孩子与父母之间的依恋关系如果不稳固，那么在彼此分离的情况下，孩子就会趁势疏远父母，很少主动联系父母。有些父母抱怨孩子一旦去住校，或者是去

了长辈、亲戚家里过假期，就仿佛完全忘记了父母一样，从来不主动联系父母。这就是孩子对父母不够依恋的表现。反之，很多孩子一旦离开父母的身边，不等父母询问他们各种事情，他们就会主动联络父母，还会实时地把自己的各种情况汇报给父母，这都说明孩子非常依恋父母。当父母真正与孩子之间建立起稳固的依恋关系后，孩子就会更加亲近和依赖父母。

心如果在一起，不管身体相距多么遥远，都会始终感觉非常亲近。这既是热恋情侣的分离感受，也是父母和孩子的分离感受。需要注意的是，要想实现这一点，还需要合适的环境和合适的时间。所以父母切勿心急，而是要耐心地等待，要投入更多的心思去经营好和孩子之间的关系。

孩子不仅以这样的方式与父母相处，也以这样的方式与朋友相处。在小时候，孩子的交往能力还比较弱，所以他们并不会有意识地选择朋友，往往会遇到谁，就和谁一起玩。随着不断成长，孩子越来越有主见，也具备了更强的社交能力，因此他们会有意识地结交朋友。通常情况下，那些与孩子能力相仿的小伙伴，更容易得到孩子的青睐。在已经与父母建立依恋关系的前提下，孩子结交朋友反而是一件好事情。孩子可以与朋友一起做各种各样的事情，感受到更多的快乐，即使和朋友分开，也会回忆起和朋友一起做的很多事情。这使孩子的内心非常满足。在现实中结交更多的朋友，并维护好友谊，会使孩子不愿意再继续沉迷于网络，他们也就不会对网络交友那么热衷了。

针对现代人过度依赖电子设备的情况，有科学家进行了研究，结果证实一个人越是频繁地使用电子设备，越是不愿意亲近他人；反之，一个人使用电子设备的次数越少，那么他越是愿意亲近他人。科学家继续深入研究，发现人际关系越是亲密无间，彼此越是不想使用电子设备进行交流。反之，人际关系越是疏远，彼此越是愿意使用电子设备进行交流。

第四章
网络时代，孩子更需要充满爱与自由的成长环境

在数字联机的时代里，除了人际关系的远近亲疏会影响孩子对电子设备的依赖程度之外，还有哪些因素会影响孩子对电子设备的渴望呢？事实证明，孩子的内心如果很幼稚，那么他就会依赖电子设备。反之，孩子的内心如果很成熟，那么就不会依赖电子设备。

综上所述，在网络时代，要想避免孩子沉迷于网络，就要帮助孩子建立良好稳固的依恋关系，也要满足孩子的情感需求和依恋需求，这样孩子才能从稚嫩到成熟，也才能从依赖他人到渐渐独立。这样一来，孩子在感情上就会表现出自主的特点，也就无须通过频繁地使用电子设备与他人之间保持联系了。

任何情况下，孩子的成长都是没有捷径的。孩子必须在后天成长的过程中才能渐渐地形成独立的人格，也才能使自己的言行举止都发生相应的改变。每一个孩子都要敢于做好自己，也要在与同伴相处的过程中坚持做好自己。不管是面对生活还是面对学习，一旦遇到困难，就要第一时间求助于父母，得到父母的支持和鼓励，得到父母的帮助。这样孩子才能从网络中抽身而出，发挥网络的积极作用为自己所用，而不会被网络奴役，成为网络的棋子。因此，父母要从孩子小时候就鼓励孩子依恋父母，也要帮助孩子认清网络世界的各种诱惑，避免孩子掉入网络的陷阱。具体来说，为了控制孩子使用网络的频率和时长，可以制订计划，让孩子在限定的时间内使用网络；为了让孩子把注意力更多地集中于现实生活，就要多多陪伴孩子，吸引孩子的关注，激发孩子亲近父母的渴望。如果孩子已经具备思考和权衡的能力，那么在制订计划的时候要征求孩子的意见，毕竟孩子才是计划的执行者，如果不能参考孩子的意见，即便计划制订得非常完美，孩子也未必愿意贯彻执行。

如果孩子突然之间表现出对网络的痴迷，那么不要一味地纠正孩子沉迷

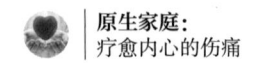

网络的错误行为，作为父母，必须意识到很可能是自己与孩子的关系出了问题。当父母有意识地从关系的角度去考察孩子的行为，去反思自己对孩子的所作所为有没有问题时，父母就能更加接近问题的本质和真相，从而也能如愿以偿地解决问题。

第四章
网络时代，孩子更需要充满爱与自由的成长环境

父母的爱，让孩子"迷途知返"

作为父母，当发现孩子把所有的关注力都集中在网络和数字设备上的时候，就会当即不假思索地与网络和电子设备展开拉锯战，试图把孩子重新夺回自己的身边。然而，在这场不公平的竞争中，父母常常处于败势，这是因为孩子也站在网络和电子设备的那一边，作为父母争夺的对象，他们压根不愿意配合父母减少使用电子设备，也不愿意远离网络的深渊。对于这样不愿意被拯救的对象，父母即使暂时把孩子从网吧等地方拖拽回家，或者没收孩子的手机，效果也是很不明显的，并且是转瞬即逝的。这还是乐观的情况，如果情况不乐观，孩子还会因为父母的强行拖拽而做出过激的举动，让父母懊悔不已。记得前几年网络上有一则新闻，说的是一位父亲看到孩子不愿意学习，只想用手机玩游戏，一气之下把手机从阳台上扔了下去。但让他万万没有想到的是，孩子也当即跟着手机一起飞下了阳台。结果可想而知，孩子一定非死即伤，身心都受到了严重的伤害。在发生这样的事情之后，如果孩子侥幸活了下来，而且在被抢救过来之后依然要玩手机，那么父亲该怎么做呢？毫无疑问，父母绝对不想再次看到孩子坠落的悲剧事件发生，但是从此就放弃管控孩子也是不负责任的表现。如何做，这是每一位父母都需要慎重考虑的。

不要把孩子的跳楼行为理解为孩子轻生，也不要将其视为孩子叛逆的表现。其实，孩子只是在成长的道路上迷路了，不知道自己应该何去何从。面对这样迷途的孩子，父母切勿放弃对孩子的教养，但是也不要再强行控制孩子，而是要认真思考如何才能更好地对待和引导孩子，这样才能让情况得以

改观。

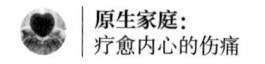

正如前文所说的，为了避免如此糟糕和令人心痛的情况出现，父母必须防患于未然。只有抢先得到孩子的依恋，让孩子主动亲近我们，服从我们的管教，才不会出现这样糟糕的情况。切勿等到孩子所有的注意力都被同伴吸引，或者孩子只关注网络和电子设备的时候，我们才后知后觉地发现失去了孩子。虽然人们常说亡羊补牢，为时未晚，但其实这个时候已经为时晚矣。

能够做到防患于未然当然好，但如果真的已经错失良机，那么就要在发现问题的第一时间就及时发现隐匿在问题之后的原因。归根结底，孩子的一切行为都要归结于关系。和父母导向的孩子相比，同伴导向的孩子更容易沉迷于电子设备，更容易沉浸于网络。所以父母要先解决同伴导向问题，才能让孩子迷途知返。

在解决问题的过程中，父母要密切观察孩子的行为表现。如果孩子不管做什么事情都隐瞒父母，生怕被父母发现，那么则意味着孩子对父母非常警惕，而且在孩子的生活中，电子设备和网络都在发挥着不正常的作用。在这种情况下，父母不要继续严格控制孩子，而是要致力于帮助孩子。越是受到父母的压力，越是被父母干扰，孩子就越是会产生逆反心理，导致变本加厉。记住，一旦孩子上瘾，父母就无法控制孩子，切勿进行这样不可能完成的挑战，使自己与孩子之间原本就已经风雨飘摇的关系更加不堪一击。

只有在建立良好亲子关系的基础上，父母才能帮助孩子解除电子设备的威胁。如果没有关系，那么孩子为何要听从父母的建议，顺从父母的管教呢？就算是理智的成年人，也不会这样毫无缘由地服从另一个人。所以面对已经上瘾的孩子，我们一定要控制自己的冲动，不要让自己在失去理智的情况下对孩子施加严格的管控。这些错误的举措既然是徒劳的，那么不如不做。

第四章
网络时代，孩子更需要充满爱与自由的成长环境

不可否认的是，电子设备和网络的确改变了我们的生活，但是与此同时也破坏了人与人之间的关系，尤其是破坏了父母与孩子之间的关系。这也许就是技术革命的负面作用吧。为了让电子设备发挥积极的作用，我们要稳固交流的根基——关系，这样才能避免各种关系被电子设备彻底摧毁。

如今，孩子和社会的联系非常紧密，很多孩子都喜欢使用手机与他人交流。再加上各种各样的社交软件层出不穷，所以孩子与身边很多人的联系都更加紧密了。但是，他们往往只使用手机与朋友、同伴交流，说一些无关紧要的话题，满嘴都是网络流行语。而面对他们真正需要依恋的父母，他们却日渐疏远，甚至不愿意回复父母的提问。毫无疑问，孩子与父母之间产生了隔阂。为了消除隔阂，父母不要对孩子放手，也不要任由孩子沉迷于网络，而是要创造更多的机会让全家人在一起面对面地相处，例如，可以设置家庭会议、家庭出游等活动。如果说孩子小时候，父母需要接幼儿园、小学的他们回家，那么到了初中，孩子可以做到独立上学和放学，父母就更是失去了接送孩子路上少得可怜的沟通时间。此外，在电子设备的助力下，孩子拥有了更多的朋友，他们不仅与身边的同学是朋友，还把友谊的触角伸到更远的地方，结交了很多素未谋面的朋友，这就使孩子能够留给父母的时间更是少得可怜。

作为父母，不得不遗憾地承认自己面临着前所未有的挑战，那就是与有形的电子设备和无形的网络之间展开拉锯战，把自己失去的孩子抢夺回来。当然，如果父母有先见之明，已经成功地预防了这种情况的发生，那么就可以与时俱进地和孩子一起成长，既跟上时代的脚步，也合上孩子成长的节奏，这样父母与孩子之间就会有更多的共同话题，甚至能够培养出共同的兴趣爱好。显而易见，这对于帮助父母稳固与孩子之间的关系是极其有利的。

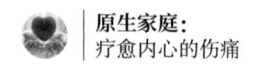

当好孩子与世界的"缓冲器"

在计算机没有面世的日子里,没有人知道网络是什么,更没有大量的信息铺天盖地而来。正如有人曾说的,古时候,车马慢,书信远,一生只够爱一人。和古代的慢节奏相比,现代社会的节奏仿佛按下了无数次快进键,已经到了让人目不暇接的程度。在信息时代,一切人和事都处于飞速的发展和变化之中,这让父母的教养和孩子的成长同时面临着一大挑战,即孩子所知道的一切不再只来源于父母,而是来源于网络。当信息传播的渠道变得多样化,父母就无法从信息供给的角度控制孩子获取信息的方式,更不可能决定孩子最终获取怎样的信息。当然,信息的传递本身是没有错误的。只是过快的节奏,让孩子在不合适的时机里接触了很多信息,以他们的心智发展程度,他们既无法分析这些信息是正确的还是错误的,也不能完全消化这些信息。

看着孩子面对信息大潮被冲得昏头胀脑的样子,很多心急的父母迫不及待地把答案告诉孩子,仿佛这样就能避免孩子感到困惑。他们所不知道的是,孩子的身心发展都需要经过一个过程,过早地向孩子揭示真相是残酷的。例如,在孩子还不知道什么是生、什么是死之前,就把死亡的残酷真相告诉孩子,甚至告诉孩子他身边的所有人都会死去,包括他唯一的依靠——父母,那么孩子当然会受到冲击,也很难接受和理解这样的真相。

父母要认识到,在教养孩子的过程中,信息始终都是有效的教养工具。所以对于那些孩子需要知道和了解的信息,我们有必要告诉孩子;而对于那些孩子以目前的心智发育状态还无须知道和了解的信息,我们要学会保护孩子稚嫩的心灵,更要学会耐心地等待孩子长大。简言之,如果孩子知道某

第四章
网络时代，孩子更需要充满爱与自由的成长环境

些信息比不知道更好，我们才应该把这些信息透露给孩子。然而，父母和老师等成年人虽然依然肩负着引导和教育孩子的重任，却不再具有这样的决定特权。也许父母想要向孩子隐瞒一些信息，等到合适的时机再告诉孩子，孩子却从其他渠道获取了这些信息。面对这样的局面，父母难免会产生失控感和无力感。即便父母刻意隐瞒孩子一些信息，孩子在学会了网络检索的手段之后，也会在几分钟之内就了解到自己想要了解的信息。在这样的情况下，孩子很有可能不再把我们当成是唯一的信息来源，而且在验证了他们所知道的信息比我们更多更及时之后，还有可能对我们不屑一顾。这使孩子不再把我们当成是他们生命中的航标，也不愿意再以我们作为生命的向导，更不会按照我们的指引确立人生的目标和成长的方向。这会引发一系列的问题，例如，我们无法再像以前那样胸有成竹地引导孩子树立人生观、价值观，也无法教孩子分清正确和错误的观念。毫无疑问，当父母在孩子心中失去了应有的地位，孩子的身心健康都会受到极大的威胁。对此，曾经有一位名人早就揭示了真相，他说当对于孩子而言，成年人再无秘密的时候，孩子的童年必然危机重重。要想避免这样糟糕的情况发生，父母除了要负责照顾和养育孩子之外，还要当好孩子与世界的缓冲器，不要让世界上的一切都冲到毫无防备的孩子面前。

遗憾的是，现实生活中，很多父母只是孩子与世界的媒介。他们把世界中的信息一股脑地塞给孩子，而丝毫不加以加工和整合，也不管这些信息是否适宜被孩子获取。尤其是在信息海量涌现的现在，父母更是要在孩子接触信息的时候缓冲更长的时间，从而才能起到更好的缓冲效果。我们也许未必能够保证这样的信息缓冲是成功的，但是只要我们努力去做了，就会产生一定的作用，对孩子而言就是有胜于无的。

如果能够换一个角度考虑问题，父母就会有豁然开朗的感觉。既然在

信息传递方面，我们无法与搜索竞争，更不可能获胜，那么我们为何不索性退出竞争呢？世界那么大，变化那么快，成人都对变化中的世界应接不暇，更何况是孩子呢？所以孩子最首要的任务不是了解世界，而是了解自己。当然，孩子还缺乏了解自己的能力，毕竟"不识庐山真面目，只缘身在此山中"。孩子也不知道应该如何评价自己，所以大多数孩子都是通过父母所看到的、所表达的来了解自己，感受自己的价值和意义。对于父母而言，每天和孩子朝夕相处，亲密无间，在这个方面当然与搜索引擎相比有绝对的优势。所以父母一定要抓紧时间和孩子相处，才能真正地做到抓紧孩子，才能顺利地与孩子之间建立亲子关系，建立依恋关系。父母只要继续为孩子提供关于自我认知的信息和反馈，就不要担心孩子会依恋搜索引擎，也不要害怕孩子会依恋同伴。我们要有足够的自信，也要想方设法承受这样的冲击。既然我们不能像搜索引擎那样能够以最快的速度供给孩子答案，那么我们就要致力于让孩子成为答案。这才是我们获胜的法宝。

当我们不再是孩子唯一依赖的信息来源，我们就可以从更多方面成为孩子的依赖，从而稳固自己在孩子心目中的地位。例如，我们可以教会孩子骑自行车，我们可以和孩子一起游泳或者滑旱冰，我们可以带着孩子做木工，让孩子提前体验当工程师的成就感，我们还可以和孩子一起打篮球、踢足球等。不要总是依赖那些培训机构或者是社区服务中心，天底下没有任何称职且优秀的父母总是省时省心省力的。父母必须坚持亲力亲为，才能在更多的方面与孩子产生交集，也才能在和孩子相处的过程中与孩子建立紧密的联系，让自己成为孩子生命中至关重要的人。

第五章
火眼金睛,识别并改变不同类型的性格缺陷

每个人都会有这样或者那样的性格问题,如果是显而易见的,反而更容易处理;如果是隐匿的、不容易发现的,那么就可以将其视为性格陷阱。性格陷阱往往形成于童年阶段,将会影响人一生的行为。在童年时期,如果孩子曾经有过不正常的成长经历,如被遗弃、被批评、被过度保护等,那么他们在性格形成的过程中就会出现性格缺陷,而性格缺陷又伴随孩子的成长,最终成为孩子的一部分。

遗弃缺陷

新生儿从呱呱坠地的那一刻开始,最亲密也最依赖的人就是父母。虽然绝大多数父母都是很疼爱孩子的,但是也有极少数父母因为各种各样的原因而选择遗弃孩子。这里所说的遗弃包含两种情况,一种是父母健在,却选择遗弃孩子;另一种是父母其中的一方或者双方一起离开了人世,那么就相当于把孩子遗弃在了人世间。

在前一种情况下,孩子必然是弱小无依的,连最基本的生存都成为莫大的考验。有些孩子很幸运,被其他家庭收养,而一旦知道自己是被遗弃的,他们会在得知亲生父母的存在时怀有复杂的情绪和感受。在后一种情况下,孩子在父母离世的那一刻就会陷入绝境,而如果只是失去父亲或者母亲,他们就至少还有一方可以依赖。对于懵懂无知的婴儿而言,这样的时刻还是好过的,毕竟他们什么都不懂得,也没有形成记忆。但是如果被遗弃的事件发生在孩子已经渐渐长大,且懂得一些事情的情况下,那么被遗弃就会给孩子造成严重的心理创伤,这样不能愈合的创伤又会变成孩子的性格缺陷。

年仅七岁的丹丹经历了父亲去世的重大事件。那是很平常的一天傍晚,丹丹和往常一样正在教室里记老师布置的作业,马上就要放学了。正在这个时候,老师的手机响起。通常情况下,家长们都不会在上课期间给老师打电话,除非有特别紧急的情况。看到手机屏幕上闪烁着"丹丹妈妈",老师赶紧走出教室,接听电话。接完电话,老师心情沉重地回到教室,让丹丹赶紧收拾书包去校门口找舅舅。丹丹不明所以,但是看到老师神色凝重,还是照做了。

一出校门,丹丹就看到舅舅正在焦急地向着她走来的方向张望。丹丹

第五章
火眼金睛，识别并改变不同类型的性格缺陷

迫不及待地询问舅舅："舅舅，今天为什么是你来接我，爸爸呢？"舅舅含糊其辞地说："爸爸受伤了，在医院。"说完，舅舅载着丹丹风驰电掣地驶向医院。在医院里，丹丹只见到了爸爸的遗体，原来爸爸是在去学校接她放学的路上发生了车祸。那一刻，丹丹虽然还不能明白死亡的真正含义，却知道自己再也见不到爸爸了，所以她扑在爸爸身上哀嚎，久久不愿意离去。自从失去了爸爸，丹丹就每时每刻跟在妈妈身边。她甚至拒绝妈妈去学校接她放学，因为她害怕妈妈也会在路上出车祸。因为丹丹的坚持，也为了安抚丹丹，只好由舅舅暂时负责接送丹丹。回到家里，丹丹简直变成了妈妈的小尾巴，哪怕妈妈去洗澡，她也要和妈妈一起。

长大成人之后，丹丹依然缺乏安全感。她恋爱了，结婚了。每当丈夫出差，她就惶恐不安，生怕丈夫一去不返。她暗自垂泪，几次三番要求丈夫换一份不用出差的工作。丈夫对丹丹提出这样荒谬的要求表示不理解，最终，他意识到丹丹有心理问题，因而陪着丹丹一起去看心理门诊。果不其然，丹丹是因为童年时期突然失去父亲的经历，因而才害怕被遗弃。

那么，什么样的性格才有遗弃缺陷呢？其实，父母可以对孩子进行测试。如果孩子已经可以表达自己的心意，那么就可以询问孩子是否会害怕失去对自己最重要的人，也可以询问孩子是否常常感到孤独。如果回答是肯定的，那么父母就要关注孩子的心理状态，也要尽量帮助孩子消除对被遗弃的恐惧。对于孩子而言，父母不管是故意遗弃他们，还是因为去世而不得不离开他们，带给他们的感觉都同样是被遗弃，也会使他们产生对被遗弃的恐惧。因为性格中的遗弃缺陷，孩子常常会陷入绝望的情绪中无法自拔，他们不相信自己会获得热烈而持久的爱。

因为遗弃缺陷，孩子常常缺乏安全感。他们不能忍受和最爱的人分离，哪怕只是短暂的时间，他们也感到非常紧张焦虑。在正常情况下，孩子初次

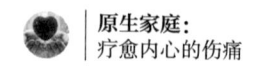

与父母分离会有分离焦虑,而一旦度过这个阶段,他们就不会再惧怕分离,而是相信父母会在一定时间之后回到他们的身边,也确信父母会永远爱他们,永远守护在他们的身边。所以过于强烈地害怕失去的感觉,是很不正常的。有些孩子还会想要牢牢地抓住别人,一旦不能如愿,他们即使在对方暂时离开的时候很恐惧失去对方,却又会在对方回来的时候表现出气愤和恐惧的情绪。

虽然很多孩子是因为失去父母而在性格方面形成遗弃缺陷的,但是这并非意味着孩子只会黏在父母身边。在长大成人之后,他们还有可能会对伴侣的暂时离开产生强烈的不安全感,也会因此而限制伴侣的自由行动。毫无疑问,这是极其不利于维系伴侣关系的。需要注意的是,并非只有真正的分离才会触发遗弃缺陷,哪怕是想象中的分离,也会触发遗弃缺陷。遗弃缺陷使孩子陷入负面情绪的循环之中,他们先是感到恐惧,继而感到悲伤,最终会陷入愤怒的情绪中无法自拔。

需要注意的是,并非只有被遗弃才会使孩子产生遗弃缺陷。如果孩子从小生活在被过度保护的环境中,他们就会陷入依赖缺陷,而依赖缺陷则使孩子每时每刻都害怕被遗弃。正是因为如此,很多有依赖缺陷的孩子才会同时有遗弃缺陷。反过来说,很多有遗弃缺陷的孩子则并没有依赖缺陷。

为了避免孩子产生遗弃缺陷,父母要尽可能地陪伴孩子,但不要过度地关爱孩子,使孩子产生依赖缺陷。父母养育孩子的最终目的,是希望孩子能够成长为一个独立的生命个体,在属于自己的人生天地里翱翔。那么,当孩子的生命中不断地经历亲人离世时,父母要给予孩子适度的引导,帮助孩子度过那个晦暗的时刻,让孩子坚信父母会一直陪伴在他们的身边。这样孩子就会获得安全感,也就不会产生遗弃缺陷。此外,父母还要经营好婚姻,维系良好的夫妻关系,这对于给孩子营造稳定的家庭环境也是极其有利的。如果发现孩子已经出现遗弃缺陷的性格特点,那么父母可以陪伴孩子向心理医生寻求专业的帮助。

第五章
火眼金睛，识别并改变不同类型的性格缺陷

不信任和虐待缺陷

大多数父母对于虐待的理解和认知都很局限，他们认为只有怀着恶意打骂孩子，才算是虐待孩子。其实，哪怕父母打着为孩子好的旗号，威胁、恐吓孩子，使孩子产生诸如生气、害怕、悲伤、气愤和恐惧等负面情绪，也是在虐待孩子。在遭受虐待的过程中，孩子会产生各种复杂的感情，这些情绪特别强烈，在持续地酝酿和发酵。孩子已经无法控制这些情绪，他们虽然表面很冷静，但是他们内心的这些负面情绪却大有决堤之势。已经形成不信任和虐待缺陷的孩子，会突然之间爆发激烈的情绪，他们会歇斯底里，也会大声哭泣。旁观者很有可能对孩子这样突然做出的行为和情绪发泄表示不理解，这是因为他们不能洞察孩子的内心。有的时候，已经产生不信任和虐待缺陷的孩子还会表现出神游物外、心不在焉的模样，仿佛他们虽然肉体还在此地，而心神却早就已经去其他地方云游了。为此，他们会产生很强烈的不真实感，感觉也会特别麻木。这是一种逃避心理，往往被用来应对虐待。既然无法逃离，无助的孩子就只能以漠视自身感受的方式，让自己暂时忍受。

不得不说，这样的孩子是非常痛苦的。这是因为他们无论与谁相处，都像是穿着一件厚厚的铠甲，根本不会彻底放松自己的内心，更不会表现出自己柔软的一面。他们对任何人都心怀戒备和警惕，生怕被其他人伤害、背叛和利用。哪怕是面对最亲近和最值得信任的朋友，孩子也无法信任和亲近，反而会更加戒备。这是因为孩子正戴着有色眼镜看待这个世界和周围的所有人。孩子先入为主地认为所有人都对他心怀不轨，所以越是那些亲近孩子、对孩子表示善意的人，反而越是首当其冲被孩子怀疑。至于那些对孩子很疏

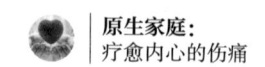

远，而且的确没有向孩子表示友好的人，则更是难以得到孩子的信任。

被虐待的经历使孩子不愿意相信任何人，他们就像是受伤的小兽，始终警惕地盯着外部的世界，片刻也不敢放松下来。因为曾经有过被虐待的经历，因为曾经长久地陷入负面的情绪之中，孩子也就始终处于过度警觉和防备的状态。他们不安地等待着伤害的出现，哪怕那些曾被虐待的记忆已经渐渐模糊了，但他们的感受却依然很清晰，不曾消退半分。也有些孩子关于虐待的记忆异常深刻，而且这些记忆时而闪现在他们的脑海中，使他们仿佛又再次有了噩梦一般的经历。有些孩子还会把现在的人际关系和过去噩梦般的经历联系在一起，这使他们对现在经历的人和事都产生了不好的联想。当长期处于这样的生存状态和心理状态中，孩子自然会越来越焦虑，甚至会被抑郁纠缠，无法有效地摆脱这一切。长此以往，孩子会感到绝望，也会非常无助。

从本质上来说，虐待就是侵犯边界，所以才会使被侵犯的人产生强烈的不安和恐惧。在被虐待的过程中，孩子没有得到尊重，边界被侵犯。尤其是当伤害者是孩子至亲至爱的家人时，孩子更是万分无助，因为原本该在他们受到伤害时保护他们的人，此刻正在无情地伤害他们。我们不是被虐待的孩子，无法真正理解孩子在被至亲者虐待时所感受到的绝望，但是只是这么想一想，我们就能感受到令人窒息的痛苦。

在很多重新组建的家庭里，孩子往往容易成为虐待的受害者。这是因为家里至少有一个成年人不是他们的亲人，如继父或者继母。而另一个与孩子有血缘关系的亲人，则因为和孩子的继父或者继母组建了家庭，甚至正处于爱情之中，所以变得麻痹大意。也有些人的确发现了孩子正在遭受自己新伴侣的伤害，但他们却为了维护自己的婚姻，而选择不保护孩子。当孩子意识到这一点之后，他们会受到双重的伤害，一则是身体上的伤害，二则是心灵

第五章
火眼金睛，识别并改变不同类型的性格缺陷

上的无助。

需要注意的是，并非把孩子打得鼻青脸肿或者头破血流才是虐待。在很多再婚家庭里，性虐待也是一种很常见的虐待方式。有的孩子经受的性虐待限于爱抚或者抚摸，但是违背了孩子的意志，使孩子深感恐惧和焦虑；有的孩子经受的性虐待则更加严重，使孩子即使穷尽一生也无法消除由此带来的心理阴影，更无法修复由此而产生的感情创伤。

在家庭生活中，虐待会让孩子产生无处可逃的感觉，也使他们认识到不应该信任任何人。通常情况下，如果遭到陌生人的虐待，孩子会自然而然地求助于父母。但是如果虐待他们的人恰恰是父母，那么他们就会产生一种错觉，即觉得父母有权力这样对待他们。有些孩子哪怕意识到父母这么做是错的，也不知道除了父母之外他们还能求助于谁。对于孩子而言，身体上的小小创伤也许可以恢复，但是被突破的心理防线却没有那么容易再次建立起来。所以他们在陷入近乎绝望的境地之后，就会以麻木自己的心灵和情感的方式，让自己变得越来越冷漠。

在家庭生活中，不管是爸爸还是妈妈，一旦发现配偶或者其他家庭成员在虐待幼小无助的孩子，就要立即制止。哪怕以自己的力量并不能完全制止对方，也要向孩子表明自己的态度，使孩子相信他们是可以得到保护的。在糟糕的情况下，还可以和孩子一起向外界寻求帮助。最可怜的是那些被家里承担爸爸和妈妈角色的成年人一起虐待的孩子，例如，网络新闻中曾曝光过一个女孩被妈妈和继父残忍虐待，身心全都受到了严重的伤害。作为孩子的其他监护人，则要定期探视孩子，以各种方式持续关注孩子，从而避免在自己不知情的情况下，让孩子受到长期的严重伤害。

还有些父母对待孩子特别冷漠，使孩子觉得自己不是生活在温暖的家里，而像是生活在冰冷的冰窖里。也有的父母在清醒的状态下对待孩子还

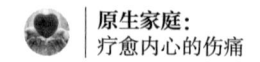

算正常，而一旦喝多了酒，在喝醉的状态下就会变成孩子眼中的魔鬼。各种形式的虐待都会给孩子的身心带来不可逆转的损伤，一旦这样的虐待冲破了孩子的心理防线，孩子就会全面崩溃。孩子要想走出不信任和虐待的性格缺陷，往往需要走过一段艰难而又漫长的道路。即便如此，父母也不要放弃拯救孩子，而是要给予孩子充满爱的环境，让孩子感受到被爱，也能够主动去爱他人。不管是爸爸还是妈妈，一定要有意识地保护孩子，给孩子安全安稳的童年。

第五章
火眼金睛，识别并改变不同类型的性格缺陷

社交孤立缺陷

和绝大多数孩子都喜欢热闹，热衷于结交新朋友不同，有相当一部分孩子显得非常孤独，他们形单影只，身边没有任何朋友。一旦置身于热闹的社交场合，他们就会感到焦虑、自卑，完全不知道应该如何与身边的人搭讪，更不知道怎样才能与陌生人建立友好的关系。他们之所以有这样格格不入的社交表现，是因为他们的性格中有社交孤立缺陷。不要误解，并非这些孩子长得不讨人喜欢，或者他们性格乖张，他们其中不乏聪明漂亮的孩子，而且性格也非常和气友善。那么，他们为何不能融入周围的环境中，与周围的人建立良好的社交关系呢？是因为他们一旦面对人群，就会感到害羞，也会感到尴尬。为此，他们会情不自禁地避免参加所有的社交活动，也避免一切与人打交道的机会。

当孩子出现社交孤立缺陷，他们就会感到万分沮丧，也会非常颓废。他们觉得自己特别失败，因而产生挫败感，也会觉得十分无力。在人际交往中，他们表现出明显的疏离，他们和所有人都保持距离，而且会畏缩不前。不管孩子们的具体表现如何，社交孤立缺陷的孩子都有一个共同点，即感到孤独。在他们之中，并非所有人都没有任何朋友，也有少数人会有几个关系比较要好的朋友，但是即便与好朋友之间，他们的友情也不是炽热的，更不是无所顾忌的，也不是完全敞开心扉的。

那么，孩子的社交孤立缺陷是如何形成的呢？要想从根本上解决这个问题，就要从本质上了解社交孤立现象。孤独，是社交孤立的主导情感。大多数有社交孤立缺陷的孩子，都觉得整个世界都不接纳自己，所有人都不欢迎自己,而且他们会觉得自己和所有人都有本质的不同。当然,这两种原因并非都是单独存在的,很多社交孤立缺陷的孩子两者兼而有之。前者会觉得自己低人一等,后者则觉得自己与众不同。很多社交孤立缺陷的孩子都与世隔绝,彻底地把自己关闭起来,不愿意与任何人交往。然而,人是群居动物,每个人都不可能离群索居地存在于世,所以可想而知有社交孤立缺陷的孩子多么孤独和无助。又因为如此,他们更是远离人群,这就使他们陷入社交孤立的陷阱之中无限循环,无法挣脱。

为了避免孩子因为自卑而陷入社交孤立缺陷之中,父母就要避免孩子形成自卑的性格。例如,父母要给予孩子中肯的评价,而不要总是批评、打击和否定孩子。大多数孩子都缺乏自我评价的能力,他们往往会因为信任父母,而把父母对他们的评价作为自我评价的基础,这样一来父母的负面评价很有可能使孩子陷入自卑之中,也全面否定自己。所以父母唯有给予孩子积极的评价和引导,孩子才不会形成错误的自我认知,也才能客观中肯地评价自己。再如,父母要多多鼓励孩子,引导孩子看到自身的闪光点,切勿用孩子的缺点与他人的优点进行比较。在教养孩子的过程中,父母也不要总是把别人家的孩子挂在嘴边,以此打压自己家的孩子。此外,如果孩子过于在意他人的看法和评价,那么父母要引导孩子坚定不移地做好自己,而不要把他人的意见过于放在心上,否则就会迷失在他人的评价之中,更无法笃定地走属于自己的人生道路。

对于那些自觉与众不同,而不愿意融入人群之中的孩子,父母则要引导他们意识到每个人都是独立的生命个体,都有自己的各种特征,所以孩子既与他人不同,又是人群中的一分子。当孩子对于自己形成正确的认知,他们也就不会为了凸显自己的不同而刻意疏远人群了。要知道,作为群居动物的人总是需要归于自己的同类中,不管因为什么原因而长期疏远他人,对于孩

第五章 火眼金睛，识别并改变不同类型的性格缺陷

子的身心发展都是极其不利的。

具体来说，社交孤立包括三种形式。第一种，孩子始终扮演独行侠的角色，置身事外，放逐自己，不愿意属于任何集体或者组织，而一直扮演着旁观者的角色，给人以很强的疏离感。第二种，孩子很有可能由于某些原因而受到他人无情的嘲笑，这使他们紧张焦虑，面对他人的欺负，他们也不知道该如何应对，只好远远地避开这一切。第三种，孩子的性格缺陷并不非常明显，而是被隐藏起来，所以所有人都无法发现孩子的性格缺陷，因此仅从表面看来孩子与正常人无异，也可以与人开展正常的交往与互动，但是他们的内心深处始终充斥着孤独感，感到万分无助。

不管孩子属于哪种类型的社交孤立，都意味着他们很有可能出现各种类型的身心问题。不要觉得孩子有社交孤立缺陷只会让他们的心理和情感出现异常，实际上当孩子长期处于这样的状态之中，还会出现胃部不适、心脏不适、头部不适等各种问题，甚至有可能患上抑郁症。

那么，孩子为何会觉得自己不受欢迎，或者觉得自己与众不同呢？通常情况下，是因为他们有明显的缺陷。事实证明，那些在身体或者行为举止上有明显缺陷的孩子，更容易出现性格孤立缺陷，例如，他们身材矮小，或者说话结巴，或者长相丑陋，他们就会更容易被其他人嘲笑或者羞辱，使他们不得不以远离人群的方式保护自己。也有些孩子是因为自己的家庭和其他家庭不同，因而感到自卑，例如，他的父母之中有人赌博、有人酗酒、有人吸毒、有人坐牢等。这些家庭的缺陷都会使孩子产生自卑感，他们也往往会为了避免被嘲笑而故意把自己封闭起来。所以说，性格孤立缺陷形成的原因之一，是孩子从小就生活在和正常家庭不同的家庭里，因而家庭本身无法融入周围的环境，也就使孩子无法融入周围的环境。也有些家庭本身并没有太大问题，却因为频繁地搬家而使孩子无法真正融入周围的环境中，那么孩子同

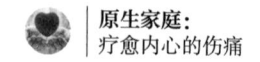

样会觉得自己和其他人不同。

此外，如果孩子在智力发展方面异于常人，他们同样会有高处不胜寒的感觉。例如，那些天才少年往往很难与同龄人玩在一起，而是离群索居，活在自己的世界里。总之，孩子因为各种原因或者觉得自己不如他人，或者觉得自己与他人不同，这都是孩子不愿意亲近他人的原因。

在班级里，小雨总是沉默寡言，很少与其他同学交往，这是因为他害怕其他同学知道他的家庭情况。小雨的爸爸是个不折不扣的酒鬼，在熟人之间早就出了名，小雨最害怕的事情就是被同学们知道他的爸爸是酒鬼。为此，小雨一旦说起关于父母的话题就提心吊胆。

有一天放学后，小雨和其他几个同学留下来出黑板报，就直接在学校等着上晚自习，不再回家吃晚饭了。正在小雨专心致志地抄写黑板报的时候，一个同学喊道："小雨，你爸爸来了。"小雨心中一惊，回头一看果然是喝得醉醺醺的爸爸。小雨当即面红耳赤，走到爸爸身边接过爸爸递来的干粮，说："爸爸，你回家吧。"这个时候，爸爸看到有个同学正在修理板凳，主动要过去帮忙，小雨有些不高兴地催促爸爸："好啦，好啦，爸爸，你赶紧走吧。"爸爸帮助那个同学修理好板凳才离开，那个同学不解地问小雨："小雨，你爸爸真热心，你怎么有点儿不高兴呢？"小雨一声不吭，又去继续抄写黑板报了。

同学哪里知道小雨心中的苦呢？他们不是小雨，无法对小雨因为爸爸喝酒而感受到的痛苦感同身受。小雨呢，又不能把自己家庭中的隐疾告诉同学，因而只能刻意地疏远同学，避免和同学说起与父母和家庭有关的话题。孩子虽然小，心思却细腻敏感。当意识到自己的家庭和其他家庭不同的时候，他们的心理压力是非常大的。

作为父母，一则要为孩子营造良好的家庭环境，保证孩子能够健康快乐

第五章 火眼金睛,识别并改变不同类型的性格缺陷

地成长,二则要给予孩子更多的关注和照顾,引导孩子理性地认知自己,客观地评价自己,从而既避免妄自菲薄、盲目自卑,也避免自以为是、清高孤傲。在教养孩子的过程中,父母还要多多提供机会,让孩子和同龄人一起玩耍。父母即使再爱孩子,也不可能取代同龄人的陪伴,因为孩子只有在和同龄人共同成长的过程中才会更加充实,更加快乐。

情感剥夺缺陷

当孩子出现情感剥夺缺陷，他们就有一个显著的特点，即他们对爱的需求永远无法得到满足。和其他的性格缺陷相比，情感剥夺缺陷是更加难以定义的。通常情况下，因为最早的剥夺出现于孩子还无法用语言进行描述的时候，所以情感剥夺缺陷并非清晰的想法。对于孩子而言，他们面对情感剥夺缺陷只会产生一种孤独的感觉，只会依稀觉得自己的需求永远不会得到满足，也会觉得不会有人倾听或者理解自己。这使孩子觉得很孤独，总感觉自己似乎缺少了什么，觉得特别空虚。如果要以一幅漫画来表示情感剥夺缺陷，那么我们可以在纸上画出一个被忽视的孩子。因为当孩子始终处于被忽视的状态，他们所感受到的就是情感剥夺。这使他们备感孤独，也觉得自己身边是一片虚无，没有任何人存在。基于此，孩子会产生一种奇特的担忧，即觉得自己会永远孤独下去，内心会被沉重的悲伤所淹没。

出现情感剥夺缺陷的孩子即使面对心理咨询师的询问，也无法有效地描述他们到底在经历怎样的困扰。强烈的孤独感，强烈的脱节感，让他们觉得自己的存在毫无意义，甚至常常会产生自杀的念头。由此可见，严重的情感剥夺缺陷是会造成严重后果的，所以一定要引起足够的重视。

情感剥夺缺陷的孩子并不如同他们所表现出来的那样冷漠，他们看似不需要情感的温暖，实则比普通人对人际关系具有更高的要求。这是因为情感剥夺缺陷使孩子表现出明显的不知足特点，哪怕面对对他们最无私付出的人，他们也不知满足。

小乔要过生日了，他对自己的生日满怀期待。在日思夜盼中，生日那天

第五章
火眼金睛，识别并改变不同类型的性格缺陷

终于到来。他满怀期望地打开好朋友为他准备的礼物，却突然间产生了强烈的失望。他毫不掩饰自己的失望，甚至直截了当地对好朋友说："我送给你的礼物更加贵重，你送给我的礼物却只值很少的钱。"好朋友觉得很尴尬，说："这是我亲手折的千纸鹤，足足有九百九十九只呢，代表我对你最真挚的生日祝福。"小乔依然不为所动，继续表现得很冷漠。好朋友只好无奈地说："好吧，如果你真的不喜欢这份礼物，我会考虑重新送一份礼物给你。"

小乔的表现就是明显的不知足，他没有通过九百九十九只千纸鹤感受到好朋友的心意，而只是关注到好朋友赠送给他的礼物价值不够高。对于具有情感剥夺缺陷的孩子而言，他们非常明显的标志之一就是哪怕对方已经给出清楚的证据表明非常关心他，他也依然会在情感上产生强烈的剥夺感。情感剥夺缺陷还会以另一种方式表现出来，即刻意满足他人的需求。例如，有些孩子会竭尽所能地满足身边人的需求，包括爸爸妈妈、朋友、同学等。

除了上述特点之外，情感剥夺缺陷还有一个显而易见的缺点，那就是持续地对他人感到失望。需要注意的是，偶尔对他人感到失望是正常的，但是持续地对他人感到失望，则意味着孩子出现了情感剥夺缺陷。在日久天长的失望中，孩子自然而然会做出一个选择，他们认识到希望越大、失望越大，因而选择不再对他人从感情上支持自己抱有任何希望，这更加证实了孩子性格中情感剥夺缺陷的特征。

那么，孩子为何会出现情感剥夺缺陷呢？每个孩子从呱呱坠地开始，最亲近和依赖的人就是妈妈。他们既需要吮吸妈妈的乳汁才能长大，也需要通过亲近妈妈来感受妈妈的温暖，感受妈妈的味道，从而获得情感上的满足。当然，如果有其他人负责照顾孩子，那么对于孩子而言，他们为孩子提供了最多的情感照顾，所以他们就有可能成为孩子情感剥夺的源头。在很多家庭

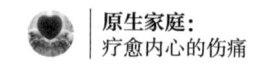

里，颠覆了传统的男主外、女主内的模式，所以男人会更多地承担起照顾孩子的重任，那么爸爸也会成为孩子情感剥夺的源头。从普遍的关系来说，孩子与妈妈的关系，将会成为孩子此后与其他人或者与外部世界关系的原型。

正常情况下，妈妈是孩子的情感看护。但是在情感剥夺中，孩子很少得到妈妈的照顾。需要注意的是，我们这里所说的妈妈指的是承担起孩子情感看护角色的成年人，而非特指孩子生物学意义上的妈妈。

为了避免孩子出现情感剥夺缺陷，作为情感看护者，不管是妈妈还是其他人，都要充分拥抱和爱抚孩子，都要发自内心地珍视孩子，都要给予孩子足够的关注，都要感应并且满足孩子的情感需求。只有情感看护者与孩子之间建立起情感联结，孩子才能得到情感满足；只有情感看护者给孩子做出安抚、爱抚的榜样，孩子将来才会同样对待他人。

有情感剥夺缺陷的孩子都有共同的困惑：我不知道妈妈为何要生下我，她当初就不应该生下我。这使孩子发自内心地否定自己的存在，后悔自己的出生，这给孩子带来的感觉简直糟糕透顶。有些孩子因为从未得到父母的任何关注和关爱，成为情感剥夺缺陷者。而有的孩子则并非如此，他们得到了父母的关注和照顾，遗憾的是，他们的父母极度自怜，把孩子视为自己的附属品，而从未把孩子看作独立的人。他们把孩子当成一个物件，用来满足自己的各种需求。举例而言，有些人一生之中过得穷困潦倒，他们就强烈要求女儿必须嫁给有钱人。这就是父母本身具有情感剥夺缺陷的证明。在父母的影响下，女儿也很容易形成情感剥夺缺陷，难逃和父母一样的命运。

很多有性格陷阱的孩子都有非常明显的性格成因，通常是因为受到父母的伤害而导致的不同，具有情感剥夺缺陷的孩子则是因为特定母性行为的缺失，才会出现性格的缺陷，所以这具有很大的隐匿性，使人难以识别情感剥夺缺陷。因此，在成年人中，很多情感剥夺缺陷者都自认为有正常的童年，得到了父母足够的关注与关爱。

要想改变情感剥夺，父母就需要做好以下事情。

首先，要回顾孩子童年时期的遭遇，知道孩子的内心的确曾经遭受了情感剥夺，也明确孩子的需求，正视孩子对照顾、引导和共情的渴望。

其次，要回顾孩子与父母的人际关系，找到形成情感剥夺缺陷的时间节点，从而才能在相应的节点避免出现情感剥夺缺陷。

再次，要从现在开始给予孩子更多的爱与关注，这是孩子迫切需要的。

最后，不要总是批评和否定孩子，适度宠溺孩子，可以帮助孩子弥补心中的情感缺失。

依赖缺陷

有依赖缺陷的孩子常常会因为生活而感到手足无措，他们不觉得自己有足够的能力去处理好每一件事情，也不认为自己是值得自己信任的。他们始终觉得自己需要得到他人的照顾和帮助，甚至觉得自己必须在得到他人照顾的情况下，才能顺利地活下去。有依赖缺陷的孩子往往觉得自己缺乏某种东西，对于自己拥有的始终感到不满足，面对着空旷的世界，他们恨不得哭喊着让妈妈回到自己的身边。如果说有依赖缺陷的成人会觉得自己是个孩子，那么有依赖缺陷的孩子则会觉得自己是个更加弱小无助的孩子。所以他们始终觉得自己需要得到照顾和帮助，他们始终不相信可以凭着自己的能力做好很多事情。

有依赖缺陷的孩子具有强烈的无能感，他们害怕做很多事情，往往在还没有正式尝试做某件事情的时候，他们就已经开始自我否定，甚至自我放弃了。他们认为一切都太难了，一切都无法面对，一切都使他们感到崩溃和抓狂。与此同时，他们还怀有深深的恐惧，他们害怕自己被抛弃，他们害怕失去最亲近和依赖的人，他们害怕自己无法继续活下去。为此，他们感到绝望和恐慌，简直要被这种糟糕的感受彻底淹没和毁灭。因为长久地沉浸在这样的负面情绪之中，他们消耗了很多精力和心力，他们也坚信自己不能独立应对所有情况，所以特别害怕独处。

对于孩子而言，具有依赖缺陷，使他们明显地表现出畏难情绪，他们畏畏缩缩，不愿意尝试做任何事情。他们不相信自己的判断，常常质疑自己。他们不觉得自己有能力做好任何事情，所以他们每时每刻都想依赖他人。因

第五章
火眼金睛，识别并改变不同类型的性格缺陷

此，依赖缺陷的核心特征之一，就是优柔寡断，无法相信自己的判断。他们固然会征求他人的意见，却无法整合他人的意见，他们每询问一个人的意见就会改变自己的想法，他们不停地改变主意，这使他们身心俱疲，又感到非常困惑。即使在打定主意要做一件事情之后，他们也依然在怀疑自己的决定是否正确，因而还会继续征求他人的意见，最终搅扰得自己心神不宁。

和这样不停地询问截然不同的是，有些依赖缺陷者会选择最信任的人征求意见，而拒绝其他人的意见，选择完全依赖和听从自己最信任的人。那么，作为孩子最信任的人，应该觉得这是一份荣誉，从而代替孩子去做决定吗？不管这个被信任的人还是爸爸，还是妈妈，或者是孩子的老师、心理治疗师以及其他长辈，都不应该代替孩子去做决定。因为这不是在帮助孩子，反而是在加深孩子对我们的依赖，使孩子无法真正地走向独立。

依赖的人都有一个明显的特点，那就是他们惧怕改变，希望所有的事情都能保持一成不变的状态，这样他们才能获得安全感。事实上，孩子并非像他们所想象的那样无力，他们的无力感只存在于想象之中，他们虽然真的缺乏某些方面的能力，但是他们也同时具备某些方面的能力。所以不要再让他们怀疑自己，而是要鼓励他们勇敢地去做一些事情。

要想避免孩子形成依赖缺陷，在养育孩子的过程中，父母就要有意识地培养孩子的独立性。例如，不要全权代劳孩子去做每一件事情，对于孩子力所能及的事情，一定要交给孩子去做。不要总是否定和打击孩子，这会使孩子更加怀疑自己，也就会加剧孩子的依赖，而是要多多认可和鼓励孩子，让孩子相信他们的确是可以胜任很多事情，甚至能够创造奇迹的。

孩子会自然而然地以逃避的方式去顺从自己的内心，而逃避恰恰会对性格缺陷起到强化的作用。当孩子习惯性地逃避一切他们认为难的事情，他们就会越来越不敢独立处理一些问题。例如，他们不敢独自出门，不敢独自购

物,不敢独自参加社团活动,不敢独自面对老师,甚至不敢独自吃饭,不敢独自看电影。在不断逃避的过程中,孩子越来越确定自己没有能力做好这些事情,也就具有了更强的依赖性。

哪怕是在非常安稳的情况下,有依赖缺陷的孩子也担心改变的发生,时常觉得自己身陷困境。这就是依赖陷阱的消极作用力,这就是有依赖缺陷的孩子不得不承受的代价。为了一切都能一如往常,有依赖缺陷的孩子即使正在遭遇不好的对待,如被虐待、被压抑,或者被剥夺权利,他们也会为了挽留对方,而默默承受。在与关系亲密的人相处时,有依赖缺陷的孩子会扮演从属者的角色,他们无限度地顺从对方,生怕一旦表现出反对的意思就会招致对方不满,也会导致对方离开。不得不说,以这样的逆来顺受所获取的安全感是虚假的安全感,因为孩子会无法避免地产生真实的感受,他们也会感到愤怒。所以从本质上而言,有依赖缺陷的孩子并非真心地想要表示顺从,而是被迫无奈才不得不扮演依赖者的角色。

和明显表现出依赖缺陷的孩子不同,有些孩子也有依赖缺陷,但是他们表现的方式却截然相反。他们走向了另一个极端,以努力帮助他人、满足他人需求的方式证明自己是可以独立生存的,是可以自力更生的。这属于隐性的依赖缺陷。这同样使孩子很痛苦。孩子越是表现得不需要得到任何帮助,越是证明他们是在过度弥补依赖缺陷。其实,在这个世界上,没有人可以完全独立地面对一切情况,而有隐性依赖缺陷的孩子却会强迫自己这么去做。这也叫反向依赖。换言之,就是在理应求助的时候拒绝向他人求助,也坚决不允许自己得到正常的帮助,从而回避自己的脆弱和无助。反向依赖的人虽然表现得很独立、很坚强,但是在内心深处,他们和显性依赖缺陷者一样常常处于高度焦灼的状态。

那么,孩子的依赖缺陷到底是如何形成的呢?同样与原生家庭的生活

第五章
火眼金睛，识别并改变不同类型的性格缺陷

环境密切相关，同样受到父母对待孩子的方式影响。当父母过度保护孩子，或当父母较少保护孩子，孩子都会形成依赖缺陷。过度保护孩子的父母不给孩子独立做事情的机会，没有培养孩子的独立能力，反而在时时处处保护孩子的过程中强化了孩子的依赖行为。较少保护孩子的父母没有好好地照顾孩子，迫使孩子必须从很小的时候就做超出自己能力范围的事情，被迫走向独立，因此他们才会表现出坚强独立的假象，而内心深处却依然有特别强烈的依赖需求。

每个孩子从出生开始就都要依赖父母才能更好地生存下来，所以父母要给孩子一个温馨美好的家作为孩子的成长港湾，也要在孩子成长的过程中渐渐地引导孩子走向独立，使孩子终有一日成为成熟的人，可以独自去面对自己的生活，也拥有属于自己的人生。只有做好这一切，孩子才能形成完善的性格，而不会掉入依赖陷阱之中。尤其需要注意的是，很多父母没有跟随孩子的成长脚步，总是认为孩子依然很小，需要父母全方位的照顾，所以他们拒绝孩子离开父母的身边，拒绝孩子走向独立。这样的父母是孩子成长道路上的绊脚石，家长们一定要意识到自己的做法正在阻碍孩子成长，才能给予孩子适度的帮助。最理想的状态是，父母既要给予孩子足够的自由，让孩子去探索世界，也要告诉孩子不管遇到怎样的情况，父母始终都在家里等待着孩子归来，父母始终都会无条件地支持和帮助孩子。唯有如此，孩子才会既有自由，也有安全感，能够安心地去过属于他们的人生。

脆弱缺陷

很多教育者都感慨，如今的孩子越来越脆弱。因而，他们刨根究底，最终得出结论：孩子们都缺乏挫折教育，所以哪怕只是遇到小小的打击，也会哭天喊地，患得患失，甚至做出一些过激的举动，伤害自己的生命。除了这些极端的举动外，大多数孩子还会有其他的行为表现，如惊恐发作、无法呼吸、头痛胸闷等。这都是因为孩子内心深处感到了难以名状的恐惧，且无法有效地平复自己的情绪。这一系列表现都意味着，孩子具有脆弱缺陷。

有脆弱缺陷的孩子常常会陷入毫无由来的焦虑或者恐惧情绪中，例如，他们担心会有灾难突然发生，会有意外突然降临，也害怕自己会患上某种严重的疾病，或者在公共场所情绪失控，歇斯底里。说起脆弱缺陷，我们就不得不提到焦虑。和强烈的愤怒情绪相比，焦虑虽然没有那么强烈，但是却与人如影随形，使人很难摆脱。而焦虑的来源，则是对未来不可控的担忧。那些有脆弱缺陷的孩子，往往担心自己无法应对即将发生的灾难，却不知道自己已经在无形中夸大了危险，并且把自己的能力看轻了。

通常情况下，脆弱缺陷可以分为四种类型，具有不同类型的脆弱缺陷的孩子，害怕和恐惧的内容也是不同的。第一种类型，健康和疾病。有些孩子患有不同程度的疑病症，总是担心自己患上各种各样的疾病，为此而焦虑不安，还会因此而诱发惊恐症。第二种类型，危险。有些孩子过度担心自己的人身安全，也会害怕父母或者其他家人面临人身危险。第三种类型，贫困。一般情况下，孩子具有贫困脆弱缺陷的比较少，而成人具有贫困脆弱缺陷的则比较多。这是因为孩子往往不为生活的境遇而发愁，而成人则更多地担心

第五章
火眼金睛，识别并改变不同类型的性格缺陷

生计问题。第四种类型，失控。和生活中的灾难不同，失控属于心理上的灾难，也就是人们常说的崩溃。如果受到过度的刺激，孩子会出现失控的情况，也有些孩子因为原本就缺乏自控力，情绪很容易冲动，所以更容易失控。

那么，孩子为何会形成脆弱缺陷呢？孩子每天和父母朝夕相处，如果父母具有脆弱缺陷，那么孩子也很容易会形成脆弱缺陷。除了受到父母的影响外，有些孩子得到了父母的过度保护，或者是缺乏父母的保护，同样也会形成脆弱缺陷。还有些孩子遭受过严重的身心伤害，导致自身留下了难以愈合的创伤，或者因为一些突发事故失去了至亲至爱的人，他们都会形成脆弱缺陷。在这些原因之中，父母有脆弱缺陷是导致孩子也有脆弱缺陷的主要原因，这是因为孩子往往特别崇拜父母，也会在不知不觉间模仿父母的言行举止，所以就会受到父母的影响而不自知。

除了受到家庭因素的影响之外，脆弱缺陷往往并非孤立存在，而是很有可能与孩子的其他性格缺陷密切相关。例如，孩子有感情缺陷和虐待缺陷，那么他们也就会更加脆弱，在不知不觉间陷入脆弱陷阱。一旦有了脆弱缺陷，而没有及时地关注和修正，孩子即便长大成人，也会因为脆弱缺陷而在面对亲情、友情和爱情的时候深深感到不安。此外，长期处于焦虑紧张的情绪状态，人们还会患上严重的身心疾病，例如，身体抵抗力很差，经常会患上流感、哮喘和湿疹等慢性疾病等。

对于孩子而言，因脆弱而逃避是最大的危险。为了逃避，孩子要避免进行很多活动，这使孩子无法保持正常的生活，也因此而限制了自身的成长。当被脆弱缺陷限制和约束的时候，孩子会产生深深的无力感和焦虑感，这使孩子无暇感受其他。此外，当有了脆弱缺陷，孩子还会无法进行正常的社交。因为倍感焦虑，孩子总是需要得到他人的安慰，这使孩子身边的人都

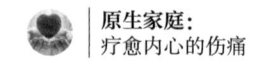

感到苦不堪言，甚至会因此而有意识地疏远孩子。在与脆弱缺陷共处的过程中，孩子会消耗大量的时间和精力，使自己无暇顾及生活的其他方面。因为脆弱缺陷的特性，所以有脆弱缺陷的孩子还会产生依赖缺陷，他们为了获得安全感，会想要从其他人身上寻求帮助，甚至想完全地依赖他人。

要想避免孩子产生脆弱缺陷，或者帮助孩子弥补脆弱缺陷，父母可以采取以下方式。首先，了解孩子为何会感到脆弱。一旦父母有脆弱缺陷，孩子就有很大可能也有脆弱缺陷。此外，父母还要反思自己是否过度保护或者完全忽略了孩子。其次，父母要帮助孩子探寻孩子的内心，例如，在询问孩子的前提下，和孩子一起列出他们所害怕的事物清单。心理学领域有一种脱敏疗法，就是让孩子面对他们恐惧的事物，这里也可以借鉴这个方法，渐渐地引导孩子不再逃避，不再畏缩，而是勇敢地面对。再次，把所有令孩子恐惧的事物进行排序，以孩子对这些事物的恐惧程度为依据进行脱敏。这样一来，既可以让孩子不再继续逃避，也可以激励孩子勇敢地面对。最后，还可以帮助孩子剖析自己，了解孩子内心真实的感受，给予孩子更多的激励和鼓励。细心的父母会发现，当孩子终于鼓起勇气说出自己心中的所思所想时，他们往往会如释重负，而且心底的不安和恐惧也会得以缓解。

尤其需要强调的是，很多孩子只是被自己想象中的困难吓住了。所以父母要引导孩子认识到这个真相，使孩子意识到他们的恐惧来源于想象，也以分析的方式让孩子认识到他们所担忧的事情未必真的会发生，还要鼓励孩子即便事情真的发生了，也要勇敢面对。如果孩子真的无法抚平内心的不安，那么也可以寻求心理医生的帮助，学会放松心情，学会掌控自我的情绪。唯有如此，孩子才会从逃避到勇敢面对，才会从害怕到坚强应对。

第五章
火眼金睛，识别并改变不同类型的性格缺陷

失败缺陷

很多孩子都会被失败感淹没，每当这时，他们信心全无，垂头丧气，压根不知道自己要如何才能消除这样的负面情绪，也不知道如何从负面情绪的漩涡中摆脱出来。有些父母在看到孩子心情不佳的时候，往往会追问孩子到底为何兴致不高，孩子却无言以对，并且会因此而感到厌烦。其实，孩子未必知道自己到底是怎么了，父母要想帮助孩子，就要以旁观者的身份观察孩子的行为举止，分析孩子的心理动态，这样反而会比孩子更清楚孩子眼下的处境。

不仅那些在各个方面表现欠佳的孩子会有失败缺陷，即使是在所有方面都表现特别突出和优秀的孩子也有可能会产生失败缺陷。后者对于自己的良好表现或者突出成就常常产生不真实感，觉得自己是一个欺骗者，以伪装骗了所有人。为此，他们不但会被失败感纠缠，还常常会陷入紧张焦虑的情绪中，生怕自己有朝一日被人戳穿。在这样的双重情绪煎熬中，可想而知孩子的感受多么糟糕。

有失败缺陷的孩子往往特别喜欢和同龄人比较，每当看到自己在很多方面的表现都不如同龄人时，他们就会自我否定。孩子很难感知到自己具有失败性格缺陷，而只是会被突如其来的失败感袭击，这让他们觉得很无助，也常常因此而陷入痛苦之中。从本质上来说，失败缺陷者的失败只是一种自我体验，他们看不到自己的优势和长处，不相信自己能够取得成功，所以即便面对自己的成功，也会怀有否定的态度。他们为了逃离这样糟糕的感受，往往会选择逃避，从来不敢面对。具体表现为，不敢接受新的具有挑战性的任

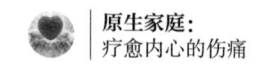

务，不敢发展自己相关的能力，不敢承担各种各样的责任。毫无疑问，无所作为的孩子虽然避免了假想中的失败，却也彻底地与成功绝缘了。

不管做一件小事情还是一件大事情，要想有所推进，信心都至关重要。一旦孩子产生了逃避倾向，他们的信心就会减弱，他们各方面的能力水平也会降低，这使他们真的有可能面临失败或者惩罚。除了逃避外，还有些孩子对失败缺陷表示屈从的表现是，不断地扭曲事实，不愿意承认真实的情况，而始终认为自己是不折不扣的失败者。在此过程中，孩子对于积极的一面会无限度地缩小，对于消极的一面又会无限度地放大。从这个细节来说，有失败缺陷的孩子都是悲观主义者，还有抑郁的可能和倾向。因此，孩子陷入了深深的沮丧和绝望中，看不到自己的人生有任何希望。

那么，失败缺陷是如何形成的呢？通常情况下，孩子在很小的时候就已经会产生失败感，例如，父母对他们的学习表现从来不认可，也总是否定和批评他们，甚至给他们贴上负面标签等。如果父母本身是特别优秀的，就会对孩子抱有极高的期望，因而不知不觉间就对孩子提出了极高的要求和标准，这使得孩子无论多么努力都不能使父母满意，他们也就会否定自己；父母还会常常把孩子和更加优秀的孩子比较，以孩子不擅长的方面和其他孩子擅长的方面比较，这使孩子总是觉得自己不如别人，感到越来越自卑；孩子生活在一个移民家庭里，突然之间不得不面对陌生的环境，孩子也会感到自卑；孩子的学习表现不好，常常不能按时完成作业，又没有养成良好的学习习惯，导致学习成绩很糟糕，这更是孩子自卑的根源之一。总而言之，失败感始终与孩子如影随形，而父母也没有意识到要多多鼓励孩子，使孩子难以摆脱失败感，日久天长，他们必然越来越困惑，越来越烦恼。

很多孩子为了弥补失败缺陷，不得不在学习中竭尽全力，以求有所进步，或者取得非常出色的成绩。在这种情况下，父母要非常关注孩子的学习表现，要真心地为孩子小小的进步或者成就而感到开心，孩子才会获得成就感。也有些孩子是因为自我评价过低才形成失败缺陷，那么父母就要引导孩子正确地认知自己，要让孩子了解到他们是有优点的，而且还有与众不同之处。相信在父母坚持不懈的认可和鼓励下，孩子渐渐地就会改变对自己的错误认知，也会从自己擅长的方面获得更多的成就感。

不管是父母还是孩子，都不要产生错误的认知，即认为只有学习成绩才是最重要的。孩子是一个鲜活的生命个体，他们有很多方面的能力都是值得认可的。不可否认的是，不同的孩子在学习方面的天赋是不同的，有的孩子缺乏学习天赋，所以学习上表现平平，但是他们却擅长唱歌、绘画、体育等。那么，父母要看到并且认可孩子的闪光点，鼓励孩子做他们喜欢并且擅长的事情。有些孩子天生就有很强的学习天赋，在学习方面轻轻松松就能表现得出类拔萃，那么父母要对孩子的学习成绩表现得更加关注，以此使孩子获得成就感。总而言之，父母要引导孩子认识自己、欣赏自己、发展自己，而不要让孩子总是否定自己、看轻自己，甚至放弃自己。相信当孩子真正地战胜和弥补了失败缺陷，那么他们就会获得有生以来最大的成就感。

自我缺陷

什么是自我缺陷？顾名思义，自我缺陷就是孩子对自身感到不满的缺陷，自我缺陷会使孩子出现各种各样的问题，并且很难通过自身的努力去解决。在所有的感情中，羞耻与自我缺陷的联系是最为紧密的。有自我缺陷的孩子总是试图掩饰自己，把自己认为最好的一面表现在他人面前，而特别害怕自己会被他人看穿。他们愿意做任何事情，只要能够避免自己被看穿，从而避免自己产生羞耻感。为此，他们耗费大量的时间和心力隐藏自己的缺陷，而不愿意自己的缺陷为任何人所知道。显而易见，这很难，因为有很多缺陷特别容易表现出来。

有自我缺陷的孩子往往都有一种错误的认知，即他们觉得他们的缺陷是内在的，别人无法通过观察直接发现他们的缺陷。其实，这样的理解是完全错误的。因为自我缺陷存在于孩子的本质之中，使孩子觉得自己不配得到任何人的爱。从心理学的意义上来说，有自我缺陷的孩子和有社交孤立缺陷的孩子恰恰相反。有社交孤立缺陷的孩子更加关注表面的特质，而有自我缺陷的孩子则更加关注内在的状态。换言之，我们很容易就能通过一个孩子的表现判定他有没有社交孤立缺陷，而我们却很难判定一个孩子有没有自我缺陷。作为最常见的性格缺陷之一，自我缺陷是非常隐蔽的，一则是因为自我缺陷是内在的，不可见；二则是因为自我缺陷的孩子始终都在刻意地隐藏自我缺陷，不愿意被他人识破自己的真面目。

很多有心理疾病的孩子都有自我缺陷，正因如此，他们在性格方面才会出现各种问题。不过，他们的表现迥然不同，有的孩子缺乏安全感，有的孩子缺乏自信，有的孩子看起来正常却时刻在逃避，有的孩子把自己伪装得非

第五章
火眼金睛，识别并改变不同类型的性格缺陷

常好，生怕暴露缺陷。

在社会交往中，有自我缺陷的孩子会有强烈的不安全感，他们一直在否定自己，甚至贬损自己，他们害怕遭到他人的伤害，因而表现得非常脆弱，还常常会逃避。与他们完全不同的是，另一类有自我缺陷的孩子则表现得非常坚强，他们以反击的方式应对，使得根本没有人会想到他们居然有自我缺陷。还有一种可能的情况是，他们并没有刻意隐瞒自我缺陷，而是因为他们压根不知道自己有自我缺陷，这是因为他们的羞耻感隐藏得很深，使得他们对此无知无觉。

那么，孩子的自我缺陷是因何形成的呢？通常情况下，是在原生家庭里形成的，与父母对孩子的态度有着密切关系。有些父母特别喜欢挑剔和苛责孩子，不管是对于孩子的行为举止、穿衣打扮，或是对孩子的学习表现，父母总是感到不满意，并且会毫不掩饰地将自己的不满表达出来。有些父母本身很容易情绪冲动，在孩子做了一些事情激怒了他们的情况下，他们更是对孩子口无遮拦，肆无忌惮地指责、批评和否定孩子，也会给孩子贴上各种负面标签，这都会使孩子产生自我缺陷。在一些不完整的家庭里，例如，父母离异的单亲家庭里，孩子还会把家庭破裂的原因归咎于自己，为此产生深深的自责和愧疚，同样会因此而形成自我缺陷。概括起来说，有自我缺陷的孩子往往从小就觉得自己不被他人欢迎和喜爱，也不被他人尊重和平等对待。这里所说的他人如果是父母，那么孩子受到的负面影响就会更大。

当长期处于缺陷感之中，孩子渐渐地就会否定自己，认为自己不够好，甚至不能赢得父母的喜爱，也就坚信自己不会赢得任何人的喜爱。为此，孩子从一开始被父母批评、否定和打击而感到质疑，到渐渐地对父母的一切评价都表示接受和认可，这时父母对孩子的影响就会达到巅峰。有些孩子还会因此而责怪自己，认为不能够让父母满意纯粹是自己的责任，从而指责自

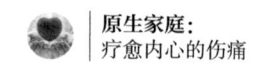

己，为自己感到羞耻，无法控制自己心中的悲伤。所以父母越是吹毛求疵，孩子形成自我缺陷的可能性就越大。

有自我缺陷的孩子把父母的评价作为自我评价，也把父母的苛责无限地内化。正是父母的挑剔形成了孩子的自我缺陷，有些孩子即便长大成人，耳边依然回响着父母对他们所说的尖酸刻薄的话，也依然牢记着父母对他们的否定和惩罚。这样一来，在整个童年阶段，孩子始终活在羞耻感之中，无法摆脱。这使得孩子绝对不敢暴露自己的缺陷，也就因此而不停地逃避。

更深入地探究这个问题，我们忍不住要问：父母理应是最爱孩子的人，又为何对孩子百般挑剔和苛责，甚至不惜打压孩子呢？这是因为有些父母本身就有自我缺陷，为了表现出自己的高水平，他们就会在潜意识的驱使下贬低孩子。自我缺陷正是以这样的方式实现了代际传承。

有些父母不但从言语上刺激孩子，还会对孩子动手动脚，甚至对孩子进行情感虐待。在极少数家庭里，还有些父母会对孩子进行性虐待。孩子最信任和依赖的人就是父母，他们还没有能力与父母对抗，所以他们会把一切的责任都归结到自己的身上，认为是自己不够优秀才会使父母做出这样的举动，为此他们会感到内疚和羞愧。为了弥补自我缺陷，孩子不得不找其他方式来进行纠正，所以自我缺陷往往伴随着其他形式的缺陷，是以复合复杂的形式呈现在孩子身上的。

为了让自己不那么羞愧，很多有自我缺陷的孩子会构建一个外壳，用来保护自己，使自己呈现出一切都很好的假象。然而，这也只是假象而已。在内心深处，有自我缺陷的孩子依然在否定自己、打击自己，认为自己一无是处，他们无法真正逃避自己内心的感受，所以他们依然感觉很糟糕。父母一定要认可孩子，看到孩子与众不同的闪光点，也慷慨地赞美孩子，让孩子认识到他们在很多方面都出类拔萃，而且他们可以在很多方面做得更好。

第五章
火眼金睛，识别并改变不同类型的性格缺陷

屈从缺陷

有屈从缺陷的孩子在某种程度上会从控制的角度看待外部世界。在他们的生命中，仿佛其他人总是在掌控一切，尤其是父母，更是负责安排好他们的饮食起居和生活学习。对于孩子而言，和这样掌控欲强大的父母生活在一起，仿佛只需要顺从，除此之外根本没有任何事情需要他们去做。也许被安排好一切、事事不需要操心的感觉很好，但是长此以往孩子会渐渐形成一种扭曲的观念，即自己必须取悦身边的所有人，甚至也包括陌生人在内。孩子不想要取悦的，只有自己，他们真实的做法表现出他们是在委屈自己，取悦除了自己以外的其他所有人。在这些孩子的心目中，满足他人是第一位的，而自己则排在末位。

不得不说，屈从的感觉是非常沉重而且压抑的，孩子固然在屈从他人，却也因此而感到负担沉重。为了满足他人无休止的要求，他们不得不殚精竭虑，拼尽全力。在他们的生活中，轻松和快乐都很少，自由更是成为奢侈品，他们每时每刻都在被他人控制，他们始终在关注他人，想要赢得他人的满意，为此而不惜付出一切代价。

在屈从缺陷之下，孩子并不关注自己真实的想法，也不在乎自己想要什么、需要什么，甚至连自己是谁都知道得不那么清晰。可想而知，孩子迷失了自我，活在他人的流言蜚语和不负责任的评判之中，为了取悦他人而委屈自己、牺牲自己。有屈从缺陷的孩子总是逆来顺受的，哪怕他们知道自己真实的想法，也会默默地接受他人的安排。渐渐地，孩子就会觉得越来越无力，因为他们不能凭着自己改变生命历程中的任何事情。他们仿佛被命运裹挟着不停地朝前奔流，哪怕想要停下来都做不到。从某种意义上来说，这样

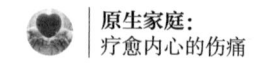

的孩子只是被动的反应者，而非行动的主体。他们等待着，默默地祈祷一切都能好转，而自己却没有采取任何有效的措施去扭转事态。

仅从表面看起来，有屈从缺陷的孩子似乎很好相处，因为他们急于讨好别人，竭力避免与他人之间发生矛盾冲突，又总是在附和他人，而很少发表自己的真实观点。有些孩子自称自己可以和任何人相处，但是这显然只是自我感觉良好的表现而已。事实却是，有屈从缺陷的孩子很难为他人的要求设定边界，因而面对他人的不合理请求，他们除了表示屈从外，根本不能以拒绝的方式捍卫自己的合法权益。这样的孩子就像是人们常说的"老好人""滥好人"，哪怕明知道答应他人的请求会给自己带来很大的麻烦，他们也不好意思说"不"，而只会唯唯诺诺地说"好的"。正是因为这一点，他们很容易被其他人利用。

虽然有些孩子会为帮助他人而骄傲，但是却没有意识到他们是在进行自我牺牲。然而，孩子也应该同时意识到自己的弱点，那就是他们不知道自己真实的想法，不能达到自己真实的目的。因此，孩子们不能坚定不移地表达自己的所思所想，所以常常保持沉默。在此过程中，孩子的自尊感无限地降低，孩子从不认为自己和所有人一样享有正当的权利，也就无从谈起捍卫自己的正当权利。

那么，孩子为何会形成屈从缺陷，并且允许别人控制自己呢？我们可以把屈从分为两种类型，一种类型的屈从是自我牺牲，往往是因为内疚而屈从他人；另一种类型的屈从是顺从，往往是因为恐惧而屈从。

大多数孩子都渴望得到认可，尤其是得到父母的认可和赞赏。为了达到这个目的，在与父母意见不合或者观念不同的时候，他们就会以屈从的方式对父母表示顺从，在得到父母的认可之后，他们又强化了自己这样的行为，因而表现出更加明显的屈从特点。极少数孩子会因为恐惧而表示屈从，例如，考试成绩不佳被父母批评，为了避免受到更严重的惩罚，他们只能接受父母的安排，按照父母的计划进行新一轮的复习和学习，这就是屈从。如果孩子从小习惯了为得到父母认可或者避免被父母惩罚而屈从父母，那么日久天长，他们就会渐渐地形成屈从缺陷。

在屈从缺陷的诸多表现中，顺从也是应该引起我们关注和重视的。一旦孩子养成顺从的思维模式，那么即使有很多不同的选择，他们也会觉得自己只有眼前这一种选择。在无奈地做出唯一选择的过程中，孩子往往是愤怒的，但是有相当一部分孩子意识不到自己的愤怒。这是因为孩子认为那些强迫他人的人，如父母，拥有比他们更加强大的力量。正因如此，孩子才会选择压抑自己的愤怒，而不让自己的愤怒表现出来。

在一次又一次放弃自己的想法而顺从他人的过程中，愤怒在孩子心中不断地累积，使孩子感受到情绪的重压。绝大多数孩子都感受不到自己的愤怒，顶多隐约感到不满。有些孩子也在有意识地压抑自己的愤怒，因为他们从小到大接受的教育就是不应该对他人表达自己的愤怒，这是极其错误和危险的。因此，孩子压根不知道在健康的人际关系中，愤怒是不可或缺的组成部分。这使得很多孩子都不敢直接表达愤怒，而是会以委婉的消极抵抗的方式表达自己的愤怒。例如，孩子不想完成作业，但是父母强求孩子必须完成作业，所以孩子就以拖延的方式，磨磨蹭蹭地始终没有完成作业。这就是孩子消极对抗的方式。如果孩子能够直接地表达自己的愤怒，告诉父母"不"，反而会更加有效地解决问题。

通常情况下，以消极对抗的方式表达愤怒的孩子，一旦被他人追问或者质问，压根不敢承认自己产生了愤怒的情绪，也会否认自己是在以委婉的方式表达愤怒。以消极抵抗的方式表达愤怒的人有一个共同点，即在当事人矢口否认的情况下，对方很难确定当事人是否真的是在表达愤怒，故意以这样

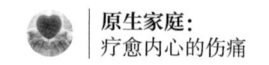

的方式激怒他们。

虽然绝大多数孩子都在扮演被动角色，但是也有一些孩子选择了反击。他们看起来蛮横无理，飞扬跋扈。通过这样的举动，他们过度补偿了屈从缺陷，但并未取得良好的效果。然而，行为的截然相反并不能改变屈从者内心的真实感受。他们只是戴着反抗者的假面具，以这样的方式虚张声势而已。对于反抗者而言，他们的愤怒大有一触即发之势。父母如果用心观察，就会发现很多青春期的孩子就正在扮演反抗者的角色，他们往往比父母更先爆发愤怒，但是这不能真正消除他们内心深处的脆弱和无助。

从某种意义上来说，反抗者和屈从者一样从未享受过真正的自由。如果说屈从者是直接接受对方的安排，那么反抗者则是以反击的方式接受了对方安排的反面。所以反抗者并没有从真正意义上做出自己的选择。这就合理解释了现实生活中，为何很多严格控制饮食的人，反而患上了厌食症。

为了避免孩子形成屈从缺陷，父母应注意不要总是管控孩子生活的方方面面。随着孩子不断成长，父母要适时地对孩子放手，给予孩子更多的权利去选择自己想要的生活。在孩子偶尔表现得不那么听话时，不要一味地强求孩子必须遵从父母的意见，而是要尊重孩子的真实想法，切勿惩罚或者威胁孩子。尤其是不要因为任何事情而疏远孩子，或者在感情上冷淡孩子。需要注意的是，对于成人之间的问题，例如，夫妻关系、婚姻问题，父母不要总是向孩子倾诉，这会以感情绑架孩子，让孩子忽视自己内心真实的感受。总而言之，父母要引导孩子做好自己该做的事情，也要给予孩子他们可以驾驭的自由。

第五章
火眼金睛，识别并改变不同类型的性格缺陷

苛刻标准缺陷

对于有苛刻标准缺陷的孩子，他们常常感受到压力。为了在生活和学习方面都获得自己想要的结果，孩子片刻也不放松，始终在绷紧神经努力。他们不但学习出类拔萃，而且还兼顾运动、艺术等。每天，他们就像一个陀螺一样不停地旋转，想要学习的东西很多，对于自己已经决定涉足的领域，他们又希望自己做到最好。如果把苛刻标准缺陷放在成人身上，那么成人的表现则更加明显。他们想要在工作上做出令人瞩目的成就；他们想有最完美的配偶，生出最优秀的孩子；他们想住在超级豪华的别墅里，开最好的汽车；他们还想有极高的声望和社会地位……造物主从来不会如此偏爱一个人，让这个人得到所有美好的东西。所以不管是作为孩子还是作为成年人，哪怕有苛刻标准缺陷加持，也很难让自己面面俱到，无可挑剔。

有苛刻标准缺陷的孩子最显著的表现之一，是他们对自己怀有过高的期待。然而，每个人的时间和精力都是有限的，就像孩子很难在所有的学科学习上都表现得特别顶级一样。与其把自己推到极限的边缘，透支自己的时间、精力和心力，不如学会调整自己的生活节奏，让自己做到劳逸结合，张弛有度。

在苛刻标准缺陷的影响下，孩子常常会陷入各种各样的负面情绪之中无法自拔。这是因为孩子不管多么努力都无法达到自己制定的高标准，所以必然会产生挫败感，也会因此而感到恼怒。长期处于这样的情绪状态中，焦虑必然与孩子如影随形。这些孩子还常常会感到时间太少，压根不够用，而自己则分身乏术，无法在最短的时间内做好每一件事情。因此，他们很容易产生时间压力，为自己生命的短暂而扼腕叹息，为自己无法实现诸多的目标而深感遗憾。虽然有苛刻标准缺陷的孩子偶尔也会问自己：我为何要这样逼迫自己呢？但是，筋疲力尽的他们依然无法停下来，而是只能一如既往地承担更多的责任和压力。这就像是一个特别渴的人喝海水，明明知道越喝越渴，也还要继续喝，继而陷入负面循环中，哪怕把自己撑死，也无法解渴。

有苛刻标准缺陷的孩子怀有不切实际的幻想，总觉得自己只要非常努力，就能够做到尽善尽美。其实，他们最终会遗憾地发现，他们在拼尽全力之后也没有如愿以偿地获得平静。因为他们总是在还没有感受到平静的时候，就又给自己设定了更高的目标。从某种意义上来说，有苛刻标准缺陷的孩子都是完美主义者，会有强迫的倾向。这就要说到苛刻标准缺陷的三种类型，即强迫型、地位取向型和成就取向型。

强迫型苛刻标准缺陷者必须把所有事情都打理得秩序井然，他们会关注到每一个细节，也不允许自己或者其他人犯任何错误。只有在任何事情都恰到好处且能让他们感到满意的情况下，他们才会得到满足，否则就会被失望沮丧的情绪纠缠。地位取向型苛刻标准缺陷者显然面临更大的挑战，因为他们想要获得的是虚幻的自我，集地位、财富、智慧、美貌等于一身，简直就是天之骄子。成就取向型苛刻标准缺陷者则是典型的工作狂人，他们宁愿牺牲自己的需求，也要在工作上获得伟大的成就，这一点表现在孩子身上就是对于学习特别狂热，而且尤其看重学习成绩。对于他们来说，过程不是那么重要，结果才是最重要的，一旦不能得到预期的结果，他们就会感受到深深的挫败感，也会认定自己是失败者。

通常情况下，如果父母有条件地爱孩子，要求孩子必须达到特定的目标才能给予孩子更多的爱和物质上的满足，就会促使孩子提高对自己的标准，最终形成苛刻标准缺陷。孩子为了消除失败感，弥补缺陷感或者社交孤立

第五章
火眼金睛，识别并改变不同类型的性格缺陷

感，就会不停地努力，甚至把自己当作学习的机器，完全忽略自己的情绪、感受和需求。所以父母要无条件地接纳和爱孩子，而不要让孩子在有条件的爱的环境中成长。正确的做法是，哪怕孩子考试成绩不佳，学习表现糟糕，父母也要一如往常地爱孩子。在整个童年阶段，孩子有权利享受父母的爱，而不应该始终要通过赛跑，才能赢得父母的爱。

除了父母给予孩子的压力外，有些有苛刻标准缺陷的孩子则是因为生活环境产生了巨大的压力。例如，在童年的环境中，他们常常把自己与其他孩子比较，发现自己在很多方面都比不上其他孩子，或者发现自己的父母在很多方面都比不上其他父母，这使他们迫切地想要获得更高的地位或者更大的成就，从而补偿不足。在这样持久的高强压力下，孩子尽管在未来很有可能获得成功，但是他们童年的记忆和感受却不那么美妙，因为他们在追求更高目标的过程中，与天然的自我之间失去了联系。这使他们变得冷漠无情，更加关注外在的一切，而忽略了自己的内心，更不会主动地满足自己的情感需求、心理需求和社会需求。

要想改变这一切，父母就不要对孩子怀有过高的期望，也不要在孩子终于通过努力使父母满意之后，对孩子的成功无动于衷。在日常生活中，父母要更多地引导孩子感受爱、付出爱，与家人、朋友相处，并创造更多新鲜有趣的东西，这样孩子才会更加鲜活，更加充满生命活力。

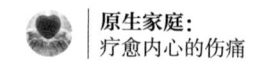

权利错觉缺陷

权利错觉缺陷分为三种类型：第一种是冲动型权利错觉缺陷；第二种是依赖型权力错觉缺陷；第三种是娇惯型权利错觉缺陷。冲动型权利错觉缺陷者在控制冲动方面有困难，很难控制自己的感受和行为。他们往往会按照自己的想法和欲望冲动行事，而完全不会考虑到这么做会有怎样的后果，也就很难为自己的行为负责。依赖型权利错觉缺陷者认为自己始终可以依赖他人，而且这是自己的权利，并非自己在给他人添麻烦。他们自认为需要他人的照顾，所以也就理所当然地依赖他人。娇惯型权利错觉缺陷者认为自己是与众不同的，他们对于他人有很强的控制欲，认为所有人都应该在他们的发号施令下采取相应的举动。每当他们的请求被拒绝，或者要求没有得以贯彻执行的时候，他们就会表现得特别愤怒。

对于孩子们而言，大多数孩子都属于娇惯型权利错觉缺陷者，也有一部分属于冲动型权利错觉缺陷者和依赖型权利错觉缺陷者。说起孩子的娇惯，相信每一位父母都会感同身受。尤其是在现代的很多家庭里，只有一个或两个孩子，这使父母对孩子越来越娇生惯养，不但给孩子吃好喝好，还会无限度地满足孩子的各种欲望和需求。由此一来，孩子渐渐地成为家庭的中心，不管孩子提出怎样的无理要求，父母都会想方设法地满足孩子。然而，这也给孩子带来了很大的麻烦，即长此以往，孩子形成了以自我为中心的思维模式，哪怕走出家门面对家人以外的人，他们也会非常任性骄纵，使社会交往面临很大的困难和障碍。

至于冲动型和依赖型，则更容易理解。孩子对父母形成了很强的依赖

第五章
火眼金睛，识别并改变不同类型的性格缺陷

性，就误以为自己也是可以依赖其他人的。孩子从小任意妄为，即便渐渐长大，也依然会觉得自己有权利凭着欲望和本能做事情。为了避免孩子成为这三种类型的权利错觉缺陷者，父母一定不要过于骄纵和宠溺孩子，更不要无限度地满足孩子的所有需求和欲望。要知道，父母即使再爱孩子，也不可能永远陪伴在孩子身边，所以当孩子有朝一日要独立面对生活的时候，不管他们是哪种类型的权利错觉缺陷者，对于他们开展属于自己的人生都是极其不利的。

孩子之所以形成权利错觉，一则是因为父母没有给孩子设置界限，使得孩子的界限感很薄弱；二则是因为父母纵容孩子依赖父母，使孩子的依赖性越来越强；三则是因为权利缺陷作为其他性格缺陷的过度补偿或者反击而出现。可见，孩子的权利错觉缺陷之所以形成，与父母是有很大关系的。

为了帮助孩子摆脱权利错觉缺陷，或者预先采取措施避免权利错觉缺陷形成，父母在教育孩子的过程中要做到以下几点。

首先，明确孩子的行为边界。在一个家庭里，孩子不可能想要什么就有什么，想做什么就做什么。父母要为孩子明确规定哪些事情是可以做的，哪些事情是不可以做的，哪些需求是可以得到满足的，而哪些需求是不可能得到满足的。这样孩子在越界之前，就会主动地斟酌和取舍自己的要求，也会衡量和判断自己的行为举止。

其次，不给孩子冲动的理由。有些孩子在冲动行事造成严重后果之后，父母并不会严厉地批评或者惩罚他们。这使孩子误以为他们不管做什么事情都是被允许的，因此他们也就会变本加厉。

再次，引导孩子设身处地地为他人着想。以自我为中心的孩子更容易形成权利错觉缺陷，这是因为他们不管考虑什么问题都会从自身出发，而很少考虑到他人的需求和感受。如果能设身处地为他人着想，相信他们的行为会

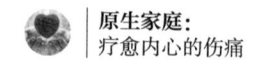

大有改变。

最后,教会孩子共情。有权利错觉缺陷的孩子从不在乎他人的所思所想,更不在乎他人的感受,不是他们刻意为之,而是因为他们缺乏共情的能力。所谓共情,就是对他人的遭遇感同身受,这对于帮助孩子深入了解他人的苦衷,理解和体谅他人都是大有好处的。

第六章
了解边缘型人格障碍，养成孩子健全人格

在每个人的内心深处，都住着一个小孩。这个小孩，是还没有长大的自己。在匆匆忙忙成长的过程中，我们不知不觉间忽略了这个小孩，因而它始终停留在我们内心的某个角落里，时刻关注着我们，却很少被我们关注。当有一天，我们终于开始有意识地拥抱内心的孩子，童年的创伤才会得到治愈，我们才能成为更好的自己。

什么是边缘型人格障碍

边缘型人格障碍常常伴随一些其他疾病而发生，而非凭空出现。最糟糕的是，就连临床医生也未必能够准确地诊断出边缘型人格障碍，因为很多有边缘型人格障碍的人并不会主动地就医，寻求帮助。这也从侧面告诉我们，哪怕我们不是专业的医生，我们同样可以识别出自己或者他人身上那些令人感到困扰、不健康、有异常的行为和举动。

对于边缘型人格障碍，大多数人都感到特别陌生，提起这个名词，完全不知道是什么意思。从心理学的角度进行阐述，边缘型人格障碍，指的是无法调节和掌控自身的情绪，并且这类人发自内心地害怕被抛弃。不要觉得这只是情绪失调，或者缺乏自控力，实际上这是一种病态。只是因为关注的人比较少，所以边缘型人格障碍作为一种病，迄今还没有完全走到人们的视野里。

作为一种复杂的心理失调疾病，边缘型人格障碍的症状是多样化的，每个患者的表现程度和疾病程度都是不同的。最重要的是，截至目前还没有有效的治疗方法或者治疗药物能够真正地帮助到患者。为此，很多人在面对这种疾病的时候都保持缄默，而成年人则会回想起自己那如同谜团一样的童年，并产生难以言说的心理感受。如今，已经成为父母的成年人，不但要回忆起自己的童年，也要更加关注正在成长的孩子，这样才能避免自己的孩子经历自己曾经遭遇的一切。

平日里，小飞的性格还是很好的，非常友善，看起来很隐忍，也很温和，很少因为一些无关紧要的事情就勃然大怒，甚至可以说是很少发怒。为此，身边的一些朋友都说小飞是暖男，班级里也有几个女生喜欢小飞。

第六章
了解边缘型人格障碍，养成孩子健全人格

一个周六中午，小飞正在家里写作业。妈妈收拾东西的时候看到小飞之前练字的一本字帖，突然玩心大发，悄悄走到小飞身后不远的地方，轻轻往前一送，字帖就像是一艘飞碟一样飞到了伏案疾书的小飞面前。小飞被吓了一跳，他很反常地勃然大怒，冲着妈妈怒吼道："怎么了，你凭什么扔掉我的字帖！你为什么要这么做，你对我有什么不满吗？"看着愤怒的小飞就像是一头狂躁的野兽，妈妈觉得丈二和尚摸不着头脑，对小飞说："小飞，你怎么了？就这么一件小事情，我只是在逗你，又不是出于恶意，你值得这么大动干戈吗？"小飞眼泪簌簌而下，继续狂吼。妈妈被小飞吼得也生气了，和小飞吵了一架。小飞情绪越来越激动，居然跑到连廊上去吼叫，结果把邻居吓坏了，赶紧发在群里，询问是谁家的孩子在那么高的连廊上狂喊，是不是情绪不正常。看到群里的信息，小飞爸爸赶紧赶回家，先安抚好小飞的情绪，这才背着小飞询问妈妈原因。妈妈感到莫名其妙，把事情从头到尾地讲给爸爸听，爸爸也猜不透小飞的心思，却意识到小飞可能有心理问题，因而和妈妈一起带着小飞去心理诊所问诊。经过复杂的诊断，心理医生判断小飞可能有边缘型人格障碍，这是爸爸妈妈第一次听到这个名词。后来，他们查阅了很多资料，意识到小飞对于情绪缺乏控制力，也很容易冲动，就主动征求心理医生的意见，这才找到了更好的方式与小飞相处。

有些边缘型人格障碍患者的情绪如同疾风暴雨，常常毫无征兆地爆发；也有些边缘型人格障碍患者的表现截然相反，他们会非常隐忍，不允许自己表现出任何愤怒。作为父母，不管是发现孩子的情绪总是出人意料地爆发，还是发现孩子常常长时间地保持沉默，都要引起足够的注意。边缘型人格障碍患者的确会有截然不同的症状表现，这是父母要了解的心理学常识，唯有如此，父母才能更理性地观察和分析孩子的行为表现。

具体来说，边缘型人格障碍患者有以下的症状。

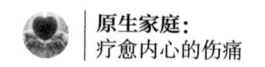

第一点，边缘型人格障碍患者不愿意承认自己的真实感受，常常感到自己被拒绝或者被抛弃，这使他们很没有安全感。当他们自身的情绪处于极度焦虑的状态中时，作为监护人的父母必须在孩子情绪爆发的时候寸步不离地守护在孩子身边，以免孩子因为冲动而做出过激的举动，伤害自己或者他人。

第二点，边缘型人格障碍患者的人际关系走向了极端，不是爱，就是恨，这使得他们没有稳定良好的人际关系。这是因为边缘型人格障碍患者很喜欢给他人贴上标签，他们既认识不到他人既有优点也有缺点，也无法同时感受两种情绪。所以他们会在不知不觉间把所有认识的人都划归到朋友或者是敌人的两大阵营中，很少会给人以中肯的评价，诸如认为某个人整体上很好，只是有一点点小缺点。父母如果发现孩子身边只有很少的朋友，而大多数都是"敌人"，那么就要更加深入地观察孩子的社交举动，从而将其作为判断孩子是否有边缘型人格障碍的标准之一。

第三点，边缘型人格障碍患者没有稳定的自我知觉，无法准确地定义自己，甚至不能描述出自己的兴趣爱好。作为边缘型人格障碍患者，孩子往往会表现出反复无常的特点，他们随时都会改变情绪，让身边的人无法应对。

第四点，边缘型人格障碍患者很容易冲动，还缺乏节制，很容易上瘾，或者是滥用某些药物，所以他们很容易危害到自身，如做出自杀、威胁自杀等举动。当发现孩子有自残、自杀的倾向时，父母一定要及时带着孩子寻求专业医生的帮助，因为此刻父母只凭着自己对孩子的关爱已经无法帮助到孩子了。

第六章
了解边缘型人格障碍，养成孩子健全人格

父母不要再为失落的童年而哀伤

在成长的过程中，很多孩子也许会意识到自己和其他孩子不同，也意识到自己的家庭与其他家庭不同，但是他们的心智发育终究还未成熟，他们稚嫩的力量也是非常有限的，所以他们无法有效地帮助自己。为了帮助孩子拥有美好的童年，父母有责任为孩子提供良好的成长环境，让孩子得到父母的关爱与呵护。这样一来，哪怕父母一直在为自己失落的童年而哀歌，孩子也可以幸运地享受自己的美好童年。

随着对边缘型人格障碍的了解越来越多，父母能够相对更容易地发现孩子的异常行为。例如，孩子长久地保持沉默，孩子的情绪反复无常、冲动多变，孩子会做出一些伤害自己的事情，甚至有自杀的倾向，孩子对任何事情都提不起兴趣来，不愿意进行任何尝试。总而言之，孩子觉得生活无聊透顶，在各种负面情绪的泥沼中苦苦挣扎。最糟糕的是，有些孩子压根意识不到自己的状态是不正常的，因而也就不会主动求助。在这种情况下，如果父母能够及时觉察孩子的异常，给予孩子他们所需要的帮助，那么孩子就会感觉更加好过一些。

从父母的角度来说，在观察孩子的行为是否有异常的同时，也是对于自身的反观。要知道，孩子之所以形成边缘型人格障碍，与父母的精神状态和心理状态是有关系的。通常情况下，父母有边缘型人格障碍，孩子更有可能形成边缘型人格障碍。反之，如果孩子在正常的家庭里成长，父母都身心健康，那么他们患上边缘性人格性障碍的可能性就大大减小。正如一首古诗所说的，不识庐山真面目，只缘身在此山中。父母很难觉察到自己的心理和行为异常，那么正好借助于关注孩子的机会关注自身。

当然，这并非意味着那些没有幸福童年的父母，最终都成为自己孩子童年的噩梦。在他们之中，有相当一部分人成为了富有爱心、心智发育成熟的父母。所以父母要先改变自身，才能改变孩子。太多的父母盲目迷信父母权威，在教育孩子的过程中固执己见，丝毫不尊重孩子的想法，使得孩子非常苦闷，又无法改变什么。父母在关注孩子的同时也要关注自身，这样才能更好地教育孩子、引导孩子。

很多父母在回忆自己的童年时都会忍不住抱怨，这也使他们在教育自己的孩子时，常常以一句"我小时候就是这样过来的"来拒绝改变。作为父母必须认识到的一点是，自己的父母给予自己的伤害已经无法逆转，我们不应该把这样的错误和伤害代际传递到自己的孩子身上。时代的进步不仅仅体现在经济的发展方面，而是涉及社会生活的方方面面，其中的重要一面就是教育的观念要改变，教育的方式要与时俱进地更新。

有一些父母无法做到完全地接纳孩子本来的样子，更无法做到无论孩子怎么样都一如既往地爱孩子。他们对孩子的爱是有条件的，要求孩子必须在学习上出类拔萃，要求孩子必须完全听话，要求孩子必须在很多细节方面都做得完美。这么多的要求给了孩子巨大的压力，使孩子不但备感煎熬，而且也会对父母的爱产生怀疑：父母真的爱我吗？他们爱的是我，还是爱我的学习成绩？父母真的在乎我吗？还是只希望我给他们带来荣誉？这样的质疑一旦产生，孩子就会极度缺乏安全感。合格称职的父母每时每刻都会让孩子感到安全，让孩子相信不管发生怎样的事情，也不管他们如何，父母都会始终爱他们，也会坚定不移地陪伴在他们的身边。这使孩子不再焦虑，也不再恐惧，也使孩子拥有了更加美好的童年回忆。

当父母持续地对孩子表示失望，在孩子需要父母支持和帮助的时候对孩子冷嘲热讽，那么渐渐地孩子就会对父母彻底失望。他们不再希望父母给予他们任何援助，他们选择独自面对伤痛，独自默默疗伤。然而，孩子毕竟是孩子，还不具备那么强大的心理承受能力，又因为缺乏父母的引导，他们很容易在很多问题上钻入牛角尖，甚至也开始质疑自己。这使父母与孩子之间的关系越来越糟糕，而孩子也与父母渐行渐远。

面对痛苦的孩子，父母要引导孩子接受他们正在面对的一切，因为试图改变只会让孩子更加痛苦和无助。显然，这很难，甚至很多成年人都无法做到这一点，但是这并非完全不可实现。唯有接受，才能减轻孩子痛苦的感受，让孩子勇敢地面对现实。在此过程中，父母要始终陪伴在孩子身边，不离不弃，全力帮助孩子。渐渐地，孩子就会拥有力量，改变极端两面性的行为表现，让自己变得更加宽和。

不要让孩子不合时宜地感到内疚

边缘型人格障碍的孩子很容易产生内疚感。如果这种内疚感处于正常限度内,那么是无须进行额外关注和处理的。然而,很多孩子的内疚感都是不正常的。他们无法消化这样异常的内疚感,因而内疚感在他们的心中持续地发酵,加剧了他们的内疚感。很多情况下,孩子哪怕明知道有些问题不是他们的错误导致的,也不在他们的能力范围内,他们依然会因为自己的无能为力而深感内疚。日久天长,孩子就会特别自责,也无法面对自己。

从心理学的角度来说,一个人只有在自觉做错了一些事情的前提下才会感到内疚。正是因为如此,有心理学家说内疚是良知的核心,当然这仅限于正常的内疚。举例而言,一个人明知道不应该窃取他人的东西,却依然窃取了,那么他就会感到内疚。反之,如果一个人认为偷窃是正常的行为,那么他就不会因为自己偷窃而感到内疚。但是,如果把不属于自己的错误也归于自己的原因,并且因此而感到内疚,那就是不正常的愧疚。

最近,娜娜整日无精打采,不但上学的时候精神萎靡不振,而且在家里也会双目无神地站在某个地方。这与娜娜平日里的表现截然不同,妈妈不禁感到奇怪。但是,妈妈正在忙着处理和爸爸的离婚事宜,所以也就对娜娜的反常表现听之任之了。

直到一天下午,妈妈正在起草离婚协议,娜娜突然哭着对妈妈说:"妈妈,你不要和爸爸离婚。我保证,我以后再也不调皮捣蛋了,我也不要漂亮的裙子,不要各种各样的零食。只要你和爸爸不离婚,我什么都听你们的。"听到娜娜的话,妈妈感到很震惊。她当即放下手里的事情,严肃地对

第六章
了解边缘型人格障碍，养成孩子健全人格

娜娜说："娜娜，我和爸爸离婚，与你没关系。你很乖巧，很懂事，爸爸妈妈都很爱你。我和爸爸只是觉得彼此不合适，所以才想结束这段关系。不过你放心，这并不影响我和爸爸继续爱你。"娜娜哭得更厉害了，上气不接下气地说："妈妈……妈妈……我……我保证……以后再也不惹你们生气了……你们不要……不要离婚，好不好？"妈妈这才意识到，娜娜把父母婚姻破裂的原因归结于她自己，所以她才会这么内疚和不安。后来，妈妈耐心地把其中的缘由讲述给娜娜听，并且和爸爸一起再三向娜娜保证会继续爱娜娜，娜娜这才渐渐恢复了平静。

很多孩子都会把无关的事情归结于自己，尤其是家庭里发生的各种变故，例如，爸爸或者妈妈生病了，爸爸和妈妈要离婚了。为此，孩子会感到非常紧张和不安，也会试图改变自己以挽回局面。

很多孩子之所以无法准确划分自己和父母的责任，就是因为他们缺乏边界意识，不知道自己和父母的边界在哪里，也就无法明确自己的责任和义务。为了避免这样的情况发生，父母要引导孩子明确自己的责任和义务，也划分清楚边界，从而避免孩子不合时宜地内疚。

此外，父母要选择以正确的方式和孩子沟通。很多父母会把自己的感觉投射到孩子身上，使孩子对自己产生错误的认知，并且因此而自责。例如，孩子感到很饿，因而问妈妈："妈妈，我饿了。咱们什么时候开始吃晚饭呢？"妈妈此刻筋疲力竭，根本不想给孩子做晚饭，但是她没有直接把自己的感受告诉孩子，而是生气地指责孩子："你没见到我都已经累瘫了吗？你这个自私的家伙，距离吃晚饭还有很久呢，你片刻也不想让我休息。"听到妈妈的话，孩子会有怎样的感受呢？他们一定觉得是自己做错了什么，所以妈妈才会突然之间大发雷霆，他们会为此感到愧疚，也会认为自己真的如同妈妈所说的那样特别自私。长此以往，接受妈妈语言的负面影响，孩子内心

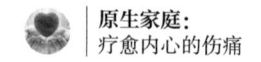

就会积累很多内疚感，导致孩子的心理发生变化。

也有些父母会有意识地以激发孩子内疚感的方式，试图左右孩子。例如，每位父母养育孩子都是非常辛苦的，这是父母对孩子应尽的责任和义务，但是父母却再三在孩子面前强调父母这么劳累都是为了孩子，还会告诉孩子如果没有他们的拖累，父母将会过得多么轻松和快乐。在父母的反复强化之下，孩子必然会觉得自己是父母的拖累，也因此而降低了父母生活的幸福指数。其实，对于父母而言，让孩子产生愧疚感是特别失败的教养方式。人类不停地繁衍生息，每一位父母都要抚育后代，这原本是再正常不过的。所以父母无须以此激发孩子的愧疚感，使孩子形成边缘型人格障碍。换一个角度来说，如果孩子一生都活在对父母的内疚中，那么又怎么会感到快乐呢？所以父母要继续无私地为孩子付出，而不要总是试图以感情捆绑和束缚孩子。

很多情况下，父母并没有意识到自己在以言语打击孩子，也没有意识到自己正在试图以激发孩子内疚感的方式左右孩子。作为父母，现在既然已经了解了边缘型人格障碍，也知道了父母在教养孩子的过程中有可能进入的一些误区，那么就要有意识地反省自身，从而避免这些情况发生。

第六章
了解边缘型人格障碍，养成孩子健全人格

彻底地消除孩子的怨恨和愤怒

愤怒的情绪是非常强烈的，在有些情况下，愤怒会使孩子受到冲动的驱使，不顾一切地做出失去理性的举动，造成严重的后果，并且为此而感到万分痛苦。为了避免孩子继续被愤怒影响，父母就要引导孩子认识愤怒。其实，愤怒是一种正常的情绪和感受，孩子之所以会愤怒，恰恰是因为他们想要进行自我保护。当孩子可以像接受其他情绪那样接受愤怒，认识和了解愤怒，那么孩子就不会再因为愤怒而受到伤害。

在家庭生活中，很多父母都充满强烈的控制欲，他们对于孩子或者采取无视的态度，或者采取拒绝的态度。如果孩子始终在父母的无视和拒绝中成长，那么他们即便长大成人也依然会受到这段成长经历的影响。虽然在短时间内，愤怒有助于孩子进行自我保护，但是在长时间内，愤怒却会损害孩子的身心发展，使孩子在学习、生活和社交等方方面面都面临很多困境。

在所有的家庭中，愤怒都扮演着至关重要的角色。尤其是当孩子有边缘型人格障碍的时候，家庭生活里更是会爆发愤怒。不管是以极端的方式表达无法控制的愤怒，还是压抑愤怒，都属于边缘性人格的症状。边缘型人格障碍者之所以极端冲动地表达愤怒，是因为他们无法控制自己的情绪；边缘型人格障碍者之所以压抑愤怒，是因为他们害怕自己会因为隐匿地或者公开地表达敌对行为而被抛弃。

很多父母都没有意识到孩子是有权利表达愤怒的，所以每当孩子以隐匿或者公开的方式表达愤怒时，他们都很难接受。他们会直接粗暴地禁止孩子表达愤怒的情绪，喝令孩子回到自己的房间里直到愤怒完全消除再出来，或者质问孩子有什么资格生父母的气，因为父母生养了他们。不得不说，这么想的父母根本无法处理好孩子的情绪问题，这使孩子有了情绪却无法以合理的渠道宣泄出来，而不得不把负面情绪压抑在心中独自消化，这对孩子而言当然是一个极大的挑战。在很多家庭里，父母还会犯"只许州官放火，不许百姓点灯"的错误。他们允许自己随时随地地表达愤怒，却不允许孩子闹情绪，这当然是不公平的。当父母始终以这样不公平的方式对待孩子，孩子就会感到特别恐惧，特别害怕，也会把一切的原因都归结于自己。渐渐地，孩子学会了压抑自己的感受，他们不管感到多么委屈都不会表达出来，不管感到多么愤怒都不敢向着父母发泄，因为父母总会把他们的愤怒反弹回来，导致最终是孩子自己受到了愤怒的伤害。为此，孩子的心中积压了很多愧疚不安的负面情绪，长此以往心理也会渐渐地扭曲。

在愤怒的状态下，孩子能够调动身体机能，使自己做好准备应对随之而来的打击。这就像孩子在突然被猛兽袭击的时候会爆发出让自己都感到震惊的力量一样，愤怒也有如此神奇的作用。在愤怒的保护作用下，孩子的精神不会受到伤害，因为愤怒是对外的，而内疚的感觉却是对内的。愤怒使我们指责他人，内疚却使我们指责自己。

对于心理状态正常的孩子而言，他们在很多情况下都会感到愤怒，例如，受到不公正的对待，没有人承认他们的价值，没有得到他人的认可，不曾被他人欣赏，自己说出的话被他人当作耳边风，感觉到自己的底线被挑战，等等。父母不要一味地压制孩子愤怒的情绪，应从自身出发避免激发孩子的愤怒，让孩子感受到父母的尊重，得到父母平等的对待，让孩子真正参与到家庭事务中，孩子就会越来越具有自我意识，也会渐渐地学会控制自己的情绪。

愤怒还具有强大的力量。有些孩子原本性格怯懦，却因为受到愤怒的驱使，所以能当机立断地采取行动。这是因为愤怒中充满能量，所以愤怒才会让孩子感到自信，也会让孩子爆发出强大的力量去改变周围的环境。如果把愤怒和悲伤进行比较，父母就会发现当处于愤怒的状态时，孩子就像是一头凶猛的野兽，而当处于悲伤的状态时，孩子只会感到疲惫，只想一个人安安静静地躺在床上。愤怒使孩子处于不同的情绪状态，也让孩子做出不同的应激反应。

那么，父母应该如何做才能避免激怒孩子呢？虽然愤怒的情绪总是突然发生的，防不胜防，也不可预料，但是父母却可以从源头着手，避免激发孩子的愤怒。而当孩子真正感到愤怒的时候，父母要做的不是否定孩子的感受，而是认可孩子的感受，也做到用心地倾听孩子的表达。愤怒具有很强的反弹效果，在这种时刻否定孩子的感受当然不是明智的选择。事实告诉我们，如果父母能够静下心来专注地听孩子讲述事情的经过和他们的情绪感受，那么孩子的愤怒很快就会烟消云散。相反，如果父母此刻选择和孩子理论，那么不亚于火上浇油，使孩子的愤怒变成火山喷发，使事态的发展变得更不可控制。

建立沟通渠道，重建亲子关系

在成长的过程中，孩子难免会遭遇各种各样的打击，或者是挫折、或者是彻底的失败、或者是不被理解、或者是遭到不公正的待遇。作为父母，每当看到孩子陷入负面情绪的泥沼中无法自拔时，一定会为孩子而担心，也会迫不及待地想要帮助孩子。有些父母压根没有询问孩子真实的想法，就替代孩子去做一些事情，有时这种行为非但没有帮助孩子，反而帮了倒忙，给孩子带来了更多的麻烦或者是更严重的伤害。这样一来，孩子与父母就会进入误解循环之中，彼此之间关系疏远。也有的父母尽管有意识地想要与孩子沟通，却没有掌握正确的方式方法，因而和孩子沟通的效果很糟糕。

实际上，对于父母而言，不管是想要关爱孩子，帮助孩子，还是想要批评教育孩子，惩罚孩子，都必须与孩子之间建立沟通渠道。唯有在顺畅沟通的情况下，父母才有可能修复与孩子之间的关系，或者重新建立亲子关系。如果没有良好的关系作为基础，那么父母就无法和孩子实现双向互动，父母对孩子的一切教育设想也都没有途径得以实施。

在家庭生活中，很多父母都是不折不扣的强权派，他们以自己生养了孩子为理由，对孩子发号施令，而丝毫不在乎孩子的真实想法。他们还会采取强硬的措施和手段，要求孩子必须完全服从他们。在这样的管教模式下，孩子当然是很痛苦的，他们不知道应该如何和父母沟通，渐渐地就会关闭心扉。如果父母能够意识到自己对孩子的教育方式出现了问题，从而积极地进行反思，那么结果还是会有所改观的。如果父母始终不能意识到自己的问题所在，那么对于孩子而言，就要采取积极有效的手段去做些什么。例如，孩

第六章
了解边缘型人格障碍，养成孩子健全人格

子可以直接表达自己的感受，或者告诉父母他们哪里做错了。每当这个时候，父母一定要耐心地倾听孩子，因为这是孩子发出的求救信号。如果父母忽略了孩子的求救信号，那么孩子在一次又一次不能得偿所愿之后，就会彻底放弃和父母沟通。

很多孩子因为一次又一次地与父母沟通失败，随着不断成长，会采取与父母彻底断绝联系的方式使自己逃离可怕的原生家庭。然而，这样的结果是不够圆满的，也是令人感到遗憾的。对于父母而言，被孩子断绝关系当然是痛苦的。但是对于孩子而言，与其再三无效地和父母明确底线，还不如断绝关系来得干脆和直截了当。出于这样的心理，有些孩子与父母之间保持着礼尚往来的疏远关系，有些孩子索性不与父母有任何联系，有些孩子试图与父母之间重新建立关系。然而，这都要等到孩子长大之后。作为父母，应该在与孩子的关系还没有破裂到不可挽回的程度时，就主动地修复与孩子的关系，一则是因为父母不希望和孩子的关系彻底破裂，二则是孩子还需要以沟通的方式得到父母的引导和教诲。

很多父母误以为不管孩子长到多大，都理应与父母之间保持亲密无间的关系。事实却是，父母与孩子之间的关系并非一成不变的。随着不断成长，孩子各方面的能力越来越强，他们渴望拥有更多自主的权利，如果在父母身边他们不能得到满足，那么他们就会以疏远父母的方式让自己获得更多的自由空间。很多因素都会影响父母与孩子之间的关系，如环境的变化、孩子的需求改变、父母对孩子的感情、孩子是否具有更强的能力控制自己的行为等。父母只需要从这些方面入手，就能有效地改变自己与孩子之间的关系。

前文我们说过，依恋关系是父母教养孩子的基础。所以对于父母而言，每时每刻都不要忘记和孩子之间建立依恋关系，唯有如此，父母才能顺利地与孩子沟通，孩子也才会信服父母。这并非意味着父母要牢牢地把孩子和自己捆绑在一起。如果孩子明显表现出对独立的需求，那么父母在确定孩子有能力独立之后，应该给予孩子一定的自主空间。此外，父母还可以创造机会让孩子脱离父母的照顾生活一段时间。例如，给孩子报名参加冬令营或者夏令营，或者让孩子参加国外游学活动等。这对于培养孩子的独立性，让孩子切身感受到父母的爱，都是极其有好处的。

在所有的人际关系中，参与其中的每个人都有属于自己的权利。父母有权利，孩子也有对等的权利。虽然孩子可能会有这样或者那样的心理问题，但是并非意味着父母就要因此而放弃自己的权利。同样的，父母也要认识到，孩子同样拥有权利。具体来说，作为交往的双方，父母和孩子都拥有哪些共同的权利呢？例如，受到尊重的权利，感觉安全的权利，不受攻击的权利，表达观点的权利，满足需求的权利，被认可和被欣赏的权利等。

在和孩子重建关系的过程中，那些向来习惯于左右孩子的父母尤其需要注意观察孩子的反应，从而及时地调整沟通的节奏，改变沟通的方式，从而保证起到良好的沟通效果。有些时候，父母或者孩子的某些言行举止会成为导火索，引发双方的愤怒，使沟通无法继续下去。那么，父母作为主导者，就要为了避免再次触发孩子的愤怒情绪，换一种更为平和的方式与孩子继续沟通。除了言行举止外，环境也有可能成为触发愤怒的导火索，所以要想与孩子之间进行深入友好的沟通，还要有意识地营造良好的沟通环境。不管孩子多么难以相处，哪怕像是浑身都长满了刺的刺猬，父母也不能放弃与孩子沟通，更不能放弃与孩子之间建立关系。在开始重建关系之前，父母要再三提醒自己沟通的目的，这样才能不忘初心，方得始终。

第六章
了解边缘型人格障碍，养成孩子健全人格

孩子不被习惯禁锢，改变就会到来

很多孩子都习惯性地怀疑他人，质疑他人，也会有羞耻感、罪恶感等负面的感觉，并且存在严重的自我认知问题、社交问题等。面对问题重重的孩子，父母又该如何做呢？孩子不是泥人，可以打破了重塑，面对状况频出的孩子，有些父母恨不得从未生过孩子，有些父母恨不得把孩子塞回肚子里去。然而，有这样离奇的想法，都是父母一厢情愿的情绪发泄而已。等到情绪的洪峰过境之后，父母恢复平静，还是得冷静下来承担起孩子监护人和教养者的重任。

作为父母，当发现孩子一直在承受痛苦，或者质疑自己不值得被爱，那么父母就要反观自己是否也曾经处于和孩子同样的困境中。有的时候，父母会在无意识的状态下以自己曾经被对待的方式去对待孩子，这就是代际传承。父母必须突破这个怪圈，才能给孩子营造良好的成长环境。有些孩子还特别难以相处，这一则是孩子的性格缺陷导致的，二则与父母对孩子言传身教的影响有关。对于父母而言，最重要的就是从孩子的各种表现中筛选出对自己有效的信息，从而及时调整教育孩子的策略和方式，使教育取得更好的效果。

最重要的是，作为父母不要被习惯禁锢。如果父母总是墨守成规，以传统的教育方式对待孩子，就不会跟随孩子的成长一起成长。当父母打破习惯的禁锢时，改变就会到来。这将会引发教育模式的颠覆，使整个家庭的教育模式都有全新的发展和变化。虽然我们无法预期这样的变化会朝着哪个具体的方向发展，但是变化总比不变化更好，这意味着生命力的勃发。

打破旧有的一切不管是对父母而言，还是对孩子而言，都是很痛苦的。然而，变革的阵痛之后，家庭教育才会迎来彻底的新生。事实证明每个人在一生之中都在发展和完善自己的个性。孩子最终是否能够获得幸福，不在于他们的学历有多高，也不在于他们最终能够获得多么高的成就，而在于他们的想法和信念。而他们的想法和信念诞生的土壤则是性格。如果孩子在性格方面有缺陷，那么他们的成长和发展就会受到限制。所以父母要致力于教养身心健康的孩子，要把关注的重点放在孩子的性格养成方面。

近年来，原生家庭为越来越多的人所关注。这是因为原生家庭对于孩子的性格养成会产生很大的影响。原生家庭带来的影响，将会伴随孩子的一生。所以父母要致力于为孩子营造健康的原生家庭，也要在教育孩子的过程中反思自身，甚至洞察自己的原生家庭中存在哪些问题。换言之，父母要先疗愈自身的原生家庭中的诸多问题，才能打破习惯，打破常规，和孩子共同铸造新的原生家庭。

父母还要以全新的眼光看待孩子。在发现孩子在性格方面存在某些缺陷后，除了积极地帮助孩子弥补缺陷外，也要看到孩子的改变，认可孩子的进步。所谓金无足赤，人无完人，孩子必然不是完美的，就像父母也不完美一样。那么父母就要以客观理性的眼光看到孩子的优缺点，看到孩子的长处和不足，也要给予孩子更多的关注。

父母不要把自己看作孩子的对立面，也不要误以为独立的孩子就一定会与父母背道而驰。很多情况下，只要以依恋关系为基础，父母与孩子之间就会达成共识，也会在很多方面建立友好互助的关系，互相促进，共同成长。

在教育孩子的过程中，父母要找到平衡点，既要维系与孩子之间的关系，也要坚持滋养自己，给予自己更多成长的动力。没有谁不通过学习就能当好父母，也没有孩子不通过学习就能获得成长和进步。父母一定要无条件地接纳和爱孩子，也要无条件地接纳和爱自己。在自然界里，一株植物需要得到阳光、空气和雨露的滋养才能茁壮成长，而在一个家庭里，父母和孩子都需要得到爱与自由的环境，才能达成所愿。

参考文献

[1]罗斯，弗兰德曼.与内心的小孩对话[M].北京：北京联合出版社，2017.

[2]富沃德，巴克.原生家庭：如何修补自己的性格缺陷[M].北京：北京时代华文书局，2018.

[3]诺伊戈尔曼，马泰.每个孩子都需要被看见[M].北京：北京联合出版社，2019.

[4]杨，克罗斯科.性格的陷阱：如何修补童年形成的性格缺陷[M].北京：机械工业出版社，2019.

后 记

父母也要努力成为最好的自己

作为父母，与其不切实际地期望孩子改变，还不如切实有效地改变自己。这是因为孩子原本就处于成长和变化的过程中，而如何引导和教育孩子，则取决于父母。在孩子的成长过程中，父母显然在亲子关系中占据主导地位，既然如此，父母就要承担起自己的责任和义务，以自己的改变带动孩子的改变，以自己的积极举措有效地改变与孩子之间的关系。

截至目前，相信很多父母在阅读本书的过程中已经开始理论结合实践，也很努力地做出了一些改变。不管改变的结果是怎样的，只要努力改变了，就为时不晚。因为改变意味着亲子相处进入了崭新的阶段，也意味着不管是父母还是孩子都会有新的发现和新的收获。

有的时候，父母也会感到痛苦，因为必须在摸索中前行，不断验证自己对孩子的做法是否正确，又会收获怎样的结果。当看到结果正如自己所期望的时，父母自然会获得成就感，而当看到结果不尽如人意时，父母自然会感到很失望。然而，时间终究会给出答案，在时间的检验下，父母会做出更好的改变，而孩子也会在亲子关系的重建中收获更美好的童年。

其实，不管是父母还是孩子，如果为了改变亲子关系而迷失自我，那就是曲解了本书的意思。有很多父母在养育孩子的过程中陷入了重重迷雾，本书原本只是想帮助那些父母拨开迷雾见天日。然而，任何关系都不可能是单方的，至少会有双方参与。在有些家庭里，因为不仅有父母和孩子，还有其

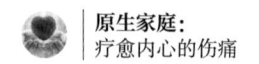

他的家庭成员，如爷爷奶奶等长辈，或者是其他的兄弟姐妹，那么父母与孩子之间的关系会更加复杂，也受到更多不可控因素的影响。越是如此，父母越是要经受住考验，要坚持自己教育孩子的初心，不随波逐流，也不固执己见。

在这个世界上，很多工作都有上岗前的培训，唯独父母没有上岗前的培训。和那些有计划地孕育孩子的父母相比，那些突然知道孩子到来而手忙脚乱上岗的父母，更加忐忑不安。其实，爱孩子是动物都有的本能，作为人类父母，爱孩子是很容易做到的，但培养出身心健康、积极乐观的孩子，却是一件很难的事情，也是一项很艰巨的任务。

从现在开始，作为父母，不要再把改变的所有希望都寄托到孩子身上。既然孩子原本就在变化之中成长，我们为何不以自己的改变引导孩子的改变呢？当我们有这样的心态，与时俱进地跟随孩子成长的角度，调整与孩子之间的关系，增进与孩子之间的感情，那么我们对孩子的所有教育都会水到渠成。不妨为自己准备一本笔记本吧，把在养育孩子过程中点点滴滴的改变都记录下来，偶尔翻阅，时常反思，就是进步。谁说父母不需要成长呢？比起孩子，父母是更加需要成长的。因为父母急需打破常规，开辟出新的养育方法，树立新的养育观念，才能培养出新一代的孩子。

在这本书里，我们把更多的关注点放在父母身上，这并不意味着孩子在亲子关系中是不重要的。孩子和父母一样都是亲子关系的主体。然而，父母暂时处于主导地位，孩子暂时处于从属地位，所以在改善亲子关系，修补孩子性格缺陷方面，父母必须义无反顾地肩负起最重要的责任。

虽任重而道远，但父母也无须感到孤独和无助。因为在教养孩子的这条道路上，还有无数的父母都在和我们一样摸索着前行，通过不断尝试和积极进取的方式改变自己，成为更好的自己。因为唯有更好的父母，才能拥有更好的亲子关系，也唯有更好的父母，才能养育出更好的孩子。努力吧，每一位爸爸妈妈！